흙의 경전

이 도서의 국립중앙도서관 출판시도서목록(CIP)은 e-CIP홈페이지
(http://www.nl.go.kr/ecip)에서 이용하실 수 있습니다.
(CIP제어번호 : CIP2008003580)

화남의 시집 019

흙의 경전

초판 1쇄 인쇄_2008년 12월 5일
초판 1쇄 발행_2008년 12월 10일

지은이 | 홍일선
펴낸이 | 방남수
펴낸곳 | 도서출판 화남
(121-820) 서울시 마포구 망원동 57-276 프라임빌라 204호
전화 | (02)3142~4787 팩스_(02)3142~4784
등록 | 제2-1831호(1994.9.26)
e-mail | hwanambang@hanmail.net

편집고문 | 김영현
편집주간 | 이승철
기획 · 편집위원 | 이재무 현준만 박선욱 임동확
디자인 · 편집 | 방현정 오경은

ISBN 978-89-6203-019-8 02810
값 8,500원

*이 시집은 경기문화재단의 지원을 받아 발간되었습니다.

화남의 시집 019

흙의 경전

홍일선 시집

화남

시인의 말

저녁이다.

시간은 알 수 없다.

먼길 해남 땅끝地末이 지척인 곳, 한 시대와 불화한 시인의 생가에서 나는 이 글을 쓰고 있다. 그는 우리가 잊고 산 시인이다. 물론 그 시인은 지금 지상에 안 계신다.

그의 부재가 근래 우리 문단에 횡행하고 있는 탈민족주의 문학의 평안이었다면 시인이 온몸으로 노래했던 "조국은 하나다"라는 슬로건은 능멸당하고 조롱받아 마땅하리라.

이 비루한 문학현실이 너무 아프다.

대저 시란 무엇이겠는가. 그리고 이 땅에서 시인이라고 부름 받은 것은 또한 무엇이겠는가라고 심각하게 의문하는 이도 없지만, 그렇더라도 내 무능이 시업에 도저하지 못하였기에 답할 길이 없다.

돌아보면 지나온 길이 간곡해질 때가 많이 있다. 내가 아직 세상의 법도를 모르면서 함부로 노래했던, 1980년대 불의 시대를 지켜본 시편이 꽤 있어 이 시집을 읽는 독자 중에서 혹여 불편한 심기를 가질 수도 있을 거라 생각된다.

게으른 산행은 산의 마음과 한몸이 되는 행복한 산행이 되지만 내 게으른 시업은 실패였기에 실패한 시업을 탄하며 이 시집을 세상에 내놓은 비감 또한 자못 크다.

일찍이 추사 김정희 선생이 갈파했던가.

마천십연磨穿十硏 독진천호禿盡千毫라고 하셨던가.

한 사람이 있어 평생 글 섬기는 것에 뜻을 두었다면 먹을 갈아 벼루 열 개 정도는 바닥을 맞뚫어야 하고, 아울러 붓 일천 자루 정도는 소진시켜 티끌로 남기는 일이 큰붓의 마땅한 도리라는 말씀에 그저 무릎을 꿇을 따름이다.

그렇다. 나는 시라는 이름의 깨끗한 이슬 한 방울로 아직 흙 한줌 적셔주지 못했다. 그러나 순결한 시의 씨앗으로 어머니 대지에 지극한 생명을 모시고 싶은 꿈은 여여하다.

끝으로 문단에 나온 이후 내 미욱한 시의 성실한 독자이자, 생의 도반인 수경 임은희와 딸 혜림, 아들 승옥에게 이 시집을 바친다. 아울러 어려운 출판 환경에도 불구하고 이 시집을 펴내준 방남수 대표를 비롯한 화남출판사 식구들에게도 감사의 말을 전하고 싶다.

밤이다.

시간은 알 수 없었다.

2008년 초겨울

홍일선 모심

차례

제1부 _ 흙의 경전

제2부 _ 흙 한줌 속의 시

제3부 _ 상수리나무, 초록빛을 내려놓으시다

제1부
흙의 경전

시 한편

누구는
시 한편 쓰는 것이
삼라만상에 큰 업장 하나
무겁게 얹어놓는 것이라 하는데

또 누구는
시 한편 갖는 것이
신생의 아기 막 태어나는
첫마음으로 돌아가는 것이라 하는데

나 언제쯤이면
갓난아기의 마음 가슴에 모시면서
옳은 시 한편
가질 수 있으려나

그곳 가난한 마을로 돌아가자

돌아가자
복숭아꽃 마악 벙그는
깨끗한 마을로 이제 돌아가자
저물 무렵
쥐똥나무 울타리
어머니 기다림으로 불 켜지던 집
먼데서 불빛 바라만 보아도
시린 가슴 따스워지는 마을
가난한 집으로 어서 돌아가자

가난 아닌 것
다 거짓이었던 나날 있었으니
죄 짓지 않고서도 다들 고단해야 했던
그런 역사가 우리에게 있었으니
본디 땅의 운명
모진 비바람 속에서
먼 들녘 품어 곡식 여물어
일하는 사람들 깨끗한 양식 되는 것이었으리
그때 가난한 집

무쇠 솥에서 푸는 밥
모두 선지식善知識이었으리
황토길 쇠똥구리 한 마리
시든 풀 한포기
땅의 착한 님이셨으리

돌아가자
더 작아질 수만 있다면
아주 더 작아져서 돌아가자
낮은 울타리
마실 다녀오는 발자국 소리 다정하여
아랫목에 묻어둔 밥 한 그릇
상기도 따뜻해서
그 마을 가난한 집으로 돌아가자
어머니 지극하신 비나리로 어서 돌아가자

흙의 경전

가여운 땅
흙의 마음 구하러 먼 길 떠나신 이여
그대 어린 빛의 농부여
다만 오늘을 위하여
오늘 하루를 다 쓰지 말고
아직 오시지 않은 님
깨끗한 사랑을 위하여
오늘을 소중히 모셔두게나

삶은 대자대비한 땅
홀로 찾아가는 외로운 농업
그믐달이 강물의 영혼을 더 푸르게 해주어
별빛이 먼 길 인도하여 주시면
그대 근원을 향한 발걸음
아무데서 함부로 멈출 수 없으리니

흙의 착한 마음을 믿는 이여
기다림이라는 길이라는 님

아직도 모시고 있다면
먼 길 그냥 더 가시게나
언제이고 어머니 뵙거든
흙에게 강에게 숲에게
나무호미 하나 깎아드리고
무릎 꿇어 삼배 올리시게나

아버지의 농업

— 아버지에게 술 한잔 드리지 못했다

젊은 날
아버지 슬픈 눈동자가
자신의 불우한 생애
가파른 천수답을 향하다가
문득 멈춰서야 했던 곳
오래된 약속 지키지 못하고
먼 길 떠나신 아버지
아주 오래된 굴욕처럼 누워있는
먹실 고래실 논
당신의 쓸쓸한 생애 찾아보지만
허기진 메아리만
아득히 되돌아오는 저녁
빚도 내림한다는 말이 두려웠으나
아버지 젊은 날 찾아
술 한잔 올리고 싶다
실패한 당신의 농업에게
당신과 불화한 시간들에게
술 한잔 바치고 싶다

어머니, 처음 논에 들어가 보시다

고래실 논 끄트머리
둠벙 허리에 피어있는 조팝나무꽃
참으로 아름다웠지요 그 꽃들이 논 지켜주었지요
어머니들에게 좋으라고
이름도 익모초인
연초록 풀잎들 흐드러진 들녘
두벌매기 북을 주어 한창 땅힘이 오른
논도 지난날이 생각나시는 것인가
따사로운 햇살 받아
벼꽃 보드라운 속살 살며시 열리던 날
갓 시집 와서 새참 내오던
새색시 발그레한 얼굴이 그리운가 봅니다

생전 처음 논에 들어가
김매기하던 호미 자루 무논에 물컥 빠뜨려
홀로 멋쩍어 하시던 어머니
흙냄새 듬북 받아 튼실해진 어린 벼 바라보면
절로 가슴 뿌듯했다지요

그날 당신이 아버지한테 물으셨다지요
조팝나무를 누가 심었느냐고 꽃 참 예쁘다고
아버지는 그냥 웃기만 하셨다면서요

고래실논에서
벼들이 조팝나무와 두런두런 이야기를 나누며
서로 안부를 묻는 저녁
부리나케 집에 돌아와
저녁밥 짓는 것이
큰 복이시었다는 어머니

어머니
저기 윗마실 고래실 논
볏가마 몇 섬 거두는 그냥 논 아니었지요
비료 몇 포대 주면
볏가마 채워지는 논 아니었지요
어머니
날 잡아 들에 거름도 내야 하고

논둑도 다시 손보아야 하는데
못자리에 쓸 흙도 쳐야 하는데
종자로 남겨둔 볍씨마저 버려야 하는
험한 세상이 온다니
경지정리한 큰 논이 너무 불쌍합니다
어느 해던가 날 가문 날
천수답에 무릎 꿇고 앉아 울음 삼키시는
할아버지의 어진 마음이 살아있는
저 논 우리의 목숨이었지요
어머니께서 처음 논에 들어가시던 비나리이셨지요

어머니 발자욱 소리에 벼 익어가다

어머니
나라의 높은 자리에 앉아있는 사람들이
목숨을 걸고서라도 쌀 수입만은 꼭 막겠다던
그 사람들 말 믿지 않았지요
어머니 당신은 오직 흙만 믿었지요
아직 근력 있을 때 들에 나가는 것을
덕 쌓는 거라고 하셨습니다
곡식들은 사람 발자욱을 안다고 하셨습니다
한 뼘의 땅이라도 놀리는 것이
흙에게 죄 지으시는 거라고
마당 귀퉁이 빈 터에도
서리태콩 심어야 마음이 편하다는 당신이셨습니다
어머니
이화명충 여뀌 독새풀보다도 더 무서운 게
암보다 더 무서운 게
머리 검은 인종들이었다고
손주들에게 일러주는 것이
큰 죄 짓는 것 같다며 안쓰러워하던 어머니

새댁 때 처음 논에 들어갔을 때 발가락 사이
꼼지락거리는 우렁이 올챙이 물방개가
피붙이처럼 정다웠다면서요
수원 장날 참외를 팔러 나갔다가 다 팔지 못해
우두커니 남문상회 불빛만 바라보는데
팔달문 앞에서 친정오라버님을 만났지만
약주 좋아하시는 오라비를
그냥 빈손으로 보내신 게
그렇게 부끄러울 수 없었다는 어머니
그날 당신의 그 마음이
우리나라 아픈 농업이었습니다
논의 마음이었습니다
밭의 마음이었습니다

어머니는 쌀이 무슨 죄냐고 말씀하셨다

어머니
오늘 달이 곱네요
그러고 보니 내일이 보름이네요
작년 가을 추곡수매를 할 수 없어
군청 앞마당에서 볏가마를 태우던 농민회 청년들
활활 타오르는 불길 속에
우리나라 농업이 노엽게 스러지고 있었던 것이지요
우리가 아무리 힘들어도
벼는 태워서는 안된다고
당신은 잠못이루며
끌탕을 하셨지요

어머니
날 풀리면 보막이도 다시 해야 하고
물꼬도 죄 손보아야 할까 봐요
새로나온 트랙터라면서
웬 고장은 이리도 많이 나는지
트랙터 경운기 엔진도 손보아야 되고

비료값 농약값 종자값 사방 돈 들어갈 일만 있습니다
올부턴 소출이 많이 떨어지더라도
유기농으로 바꾸어 농사지어 볼 참입니다

어머니
돌아오는 이번 장날 농협 앞 삼거리에서
우리쌀지키기결의대회가 열린 답니다
그날 장에 나간 김에 조선낫도 두어개 벼리고
쇠스랑과 곡괭이도 몇 개 더 사와야겠지요
어머니 갑갑한 세월
그래도 앞산 진달래는 참 곱습니다
저기 큰 형이 동생들 데리고 심은
푸른 소나무숲이 아름답습니다

어머니, 숲으로 돌아가시다

어머니
어머니
세월은 흐르고 또 흘러갔습니다
어머니는 당신대에 이르러
고향 떠나 사는 게
다 당신이 지은 죄 때문이라고 하셨습니다

당신은 정든 고향 등져서도
수원 오산 지방에 비가 오고 있다는
일기예보라도 듣는 날이면
아범아 지금쯤 논배미에 물이 잘 들어가시겠구나
벼들이 아주 좋아하겠다며
말끝을 흐리곤 하셨지요

눈 감기 전에
동탄에 한번 가보고 싶다는
당신의 마지막 말씀
들어드리지 못했습니다

당신의 농업을
당신의 가없는 사랑을
나는 너무 늦게 깨달았습니다

어머니 당신이 풍을 맞아
자리보전하고 있을 때
전라도 어떤 청년이 농협 빚에
농약을 먹었다는 뉴스가 나오던 그날
무슨 말씀을 꼭 하고 싶은
어머니 간절한 눈빛이
그때는 왜 그렇게 두려웠는지요

어머니
밭 귀퉁이 한적한 곳
저녁에 홀로 피었다가
다음날 햇살 중천에 오르면
저 스스로 한 나절 만에 지고 마는
애기원추리 꽃들이 고맙다고 당신이 말했지요

그의 오래된 향내가 있어
숲에 배어 이 땅이 그래도 외롭지 않은 것인가요

하루에 못 나가보아도 세 번은 논밭에 나가보아야
흙의 마음 겨우 뵐 수 있을 거라는 어머니
그래 먹실 고래실 물꼬는 괜찮던가요
뚝 너머 목화밭 꽃은 보기 좋던가요
생전에 좋아하시던
소나무 참나무 신갈나무 물푸레나무 어울려 사는
숲으로 돌아가신 어머니

어머니
거기서 한창때 떠나신 아버지를 만나셨는지요
아버지는 꽃을 좋아하셨는데
그 숲에도 꽃피는 봄이 찾아주시던가요
당신은 그래도 꽃 중에서 벼꽃이 제일이라고 하셨는데요
어머니
어머니

어머니 미수米壽는 꼭 보십시오

깊은 밤
솔바람 소리에 깨어보면
너무 얕아 이름도 얻지 못한
돌모루 뒷산 거기 어머니 계셨습니다
인고의 세월
어떻게 바라볼 수 없어
당신에게 바치는 시 한 편 쓰려는데
시는 나오지 않습니다
온밤 지새울 뿐입니다

어머니
당신은 고무신을 늘 벗고 다니셨지요
그 맨발이 나는 부끄러웠습니다
당신의 흙 풋내도 싫었습니다
곡식은 사람 발자욱 소리를 잡숫고 산다며
고래실논 그윽히 바라보는 것도 싫었습니다

당신에게 혈육과도 같았던

그 땅 우리는 지켜드리지 못했고
어머니의 눈물 당신의 한숨 너머
당신의 말년 속에 들꽃들 오롯한데
꽃다지 가여운 마음
나는 알지 못했습니다
헛된 내 시가 다 그랬습니다

어머니
당신이 함께한 고난의 세월은
제가 감히 쓸 수 없는 시였습니다
당신의 투박한 맨발이 미더운 시였습니다
끝날 길 없는 당신의 슬픔도 아픈 시였습니다

어머니
당신의 슬픔이 채워놓은 무논을 가만히 불러봅니다
당신의 그리움이 거름이 되어준 밭도 조용히 불러봅니다
어머니의 생애 팔십년은 내가 그릴 수 없는 큰 시였습니다
당신은 내 얕은 시의 눈물이 닿을 수 없는

깊은 강물입니다

어머니 미수는 꼭 보십시오
그날 논밭이 들으셔서 괜찮은
미수시 한 편 바치겠습니다
그때 어머니 발자욱 소리가 꼭 있어야 합니다
어머니는 논이십니다 밭이십니다

볍씨의 꿈

논둑에 하냥 서 있으면
배고픈 세상 너머
어디 먼 나라 초록빛 별들이 내려왔네
들에 나가신 어머니
아직 돌아오지 않은 초저녁
작은 풀벌레들 울음소리 들려와
어느새 기다림은
노래가 되고 소망이 되어
더운 김 모락모락 피어올라
우리집 마당밥이 되었지
민들레 엉겅퀴 질경이꽃들도 그때 피었지

그런데 세월은
종자로 쓰려고 갈무리해둔
볍씨 버리라 하네
세월은 또
날 풀리면 두레로 하던
보막이 가래질도 다 끝났다 하네

더운 흙가슴 객토도 부질없다 하네
큰마음 먹고 장만한 경운기도 쓸데없다 하네
툭하면 발동이 꺼져 애태우던 양수기도
삽도 낫도 곡괭이도 이젠 버리라 하네
아하 미친 세월은
고향 떠나라 하네

어두운 논
별들이 가만히 내려와
저렇게 많은 벼꽃 다 피우지 못했으리
어머니 근심 깊은 논
물꼬 속에 두 발 담그면
지친 세상 슬픔도 다정했지
논은 볍씨의 오랜 꿈 알지
한 알 볍씨가 평야의 노래로 살아
들녘 붉은 노을로 살아
고봉밥처럼 따뜻한 세상 그리는
논의 꿈 볍씨의 꿈

그때 우리는 한형제였소

그가 아플 때 우리 흙도 아팠소
그가 외로울 때 우리 흙도 외로웠소
그가 기쁠 때 우리 흙도 기뻤소

그의 가여운 숨소리가
그의 느리디느린 말씀이
그의 착한 눈빛이
우리 흙의 고독이었고 행복이었소

그때 우리는 한형제였소
그런데 모르겠소
사람들이 왜 우리 흙의 마음을 떠났는가를
사람들이 어째서 우리 흙의 가슴을 버렸는가를
정녕 참말이지 그 까닭을 모르겠소

그때 우리가 한형제였을 때
우리는 서로 숨소리만 들어도 우리의 기다림
우리의 그리움 대번에 알 수 있었소

아아 그때 우리가 한형제였을 때
우리는 더불어 가난했었소
우리는 더불어 깨끗했었소

오래된 길

그믐달 밤길
이젠 길눈도 어두워
고향 가는 길도
늙은 어머니 얼굴도 잊어버렸는가
저기 무거운 짐 머리에 이고 가는 이 있어
좇아가 보면 아득한 길만 몇 갈래
빈 경운기 소리
쓸쓸히 사람들의 발자국을 지우고
내가 짊어져야 할 슬픔을 지고 가던
젊은 날 아버지
아픈 곡절이 있어 남의 땅이 된
돌모루 논밭이여
그리운 집으로 가는 길은
아직도 먼 것인가
아니면 애당초 길을 잘못 잡은 것인가
추곡 수매를 할 수 없어
길가 아무렇게 쌓아둔 볏 가마가 노여운
아주 오래된 길

초겨울 밤길
오늘은 별빛마저 어디로 사라져
별을 따라가던 길도 지워진 밤
예전의 나를 알아보지 못하시는
그 길을 꿈속에서 뵈었다

우리 흙도 그렇게 들었소

그들은 죽어가는 우리 형제들을
우리 흙의 아버지들을 어머니들을 살려내겠다고 말했소
참으로 기이하게도 그들은 똑같이 말했다오
어느 누구고 간에 정권을 잡으면 말했소
총검으로 정권을 빼앗은 자들도 말했소
스스로 문민정부라 칭하는 이들도 말했소
농민의 슬픔을 누구보다도 잘 안다는
국민의 정부시절에도 들었소
나라의 주인이 국민이라는
참여정부 때도 들었소
농민들을 모조리 부자로 만들어 주겠다는
실용정부 높은 사람도 말했소
농업을 살려야 한다고
농촌을 살려야 한다고
농민을 살려야 한다고
아주 근엄한 목소리로 그들은 말했소

1년 전이나 10년 전이나 20년 전이나

30년 전이나 50년 전이나
하여간에 정권을 잡은 이들은
이구동성 똑같이 외치는 말 들었소
반공 방첩 조국 근대화라는 말 많이 들었소
건답직파 산림녹화라는 말도 많이 들었소
유신이 살 길이라고 증산이 살길이라고
외치는 소리 수없이 들었소
한미동맹 강화가 우리의 살 길이라고
외치는 말 지겹게 들었소
떠나는 농촌에서 돌아오는 농촌으로 만들겠다는
말도 들었소
글자 하나 틀리지 않고 똑같이 하는 말 들어야 했소
농업을 농촌을 농민을 살려야 한다는
아주 달콤한 아주 그럴 듯한 그들의 말 들을 때는
눈물이 나오기도 했었소

다들 그랬소
농업은 대지의 어머니라고

농촌은 도시의 뿌리이고 도시는 꽃이라는 말도 들었소
농민은 생명을 지키는 거룩한 사람들이라는
그럴듯한 말도 들었소
그러면서 그들은 이렇게 말했소
농업을 개방해야 한다고
이젠 농촌도 세계화해야 한다고 말했소
그러려면 미국 쌀이나 미국 쇠고기 정도는 수입해 와야
자동차도 반도체도 선박도 수출할 수 있다고 말했소
그 소리는 우리 농촌이 우리 농업이 우리 농민이
죽어야 된다는 이야기였소
그렇소 우리의 죽음 위에 또다른
죽임의 길을 내겠다는 이야기였소
그렇소 우리 아버지들이 어머니들이
사라져야 한다고 했소
그렇소 우리 형제들은 그렇게 들었소

제2부

흙 한줌 속의 시

나는 그 길을 알지 못한다

돌모루 유년의 마을
푸른 숲으로 가는 길을 잃어버린
시가 불쌍하다
시는 나같이 죄 많은 자들이 숨어서
동서同棲해야 하는 것인지도 모르지만
어릴 적 순정한 희망을
내내 지켜주었던 큰잿봉
붉은빰멧새들이 떼지어 날아와 앉던
오솔길 가는 길을
지금 나는 알지 못한다
애기둥글레꽃의 서러운 색깔도 기억하지 못한다
어린 나뭇잎 스치는 바람소리도 놓치지 않고
겨울 큰잿봉 숲을 떠났다 돌아오는
작은 새들
꽃의 아픈 발자욱들
다시 불러내지 못하는
시들이 불쌍하다

아침을 여는 시를 저녁에 읽으며

너무 두꺼운 신문
아침을 여는
어떤 시인의 화광동진和光同塵 운운을 읽다가
잠시 적막해 했습니다
그리고 또 어떤 시인의
동진불염同塵不染이 한 소식처럼 떠올랐으나
신문 한 귀퉁이에는
이십수년째 정신병원 생활을 한다는
오월 광주민중항쟁 시민군
김영철님 사연이 아팠습니다
창밖에는 꽃봉오리를 막 터트린 목련이 서 있었습니다
난세라 어렵게 꽃을 피우기에
시의 마음을 알기가 어려운 것인지
시 따위 필요 없는 시대
헛된 꿈 한 자락
누군가에게 전하고 싶은 시간입니다
오래전 쓰다 만 시 한편
붙들고 싶은 저녁입니다

새벽에 마주해야 할 시를
저녁에 읽는 무능입니다

내일의 詩는 어디 계신가

가야할 곳이 없는데도
꼭 가야할 데가 있다

만나야 할 기다려야 할 님이
아니 계신대도
오늘 꼭 가야할 데가 있다

한 젊은이가 소신공양한 곳
한 아리따운 처녀가 혼절하여
끝내 깨어나지 못한 곳
그곳은
꽃이 핀 자리인가 꽃이 진 자리인가

길모퉁이 그곳 꽃 진 자리에
내일의 시 한편 있었으면
잊혀진 그곳 꽃 핀 자리에
설운 날의 시 한편 있었으면

그 시인 잊고 사는 게 편했다

희망이 가여울 때 너무 많다
길 아득하면 아득할수록
아프게 그리고 아주 더디게
우리 님 찾아오신다고 했는데
천지간 깨쳤다는 눈들 다 눈멀어야 해서
온전히 생명 지키고 있는 꽃들
다 버림받아야 해서
만물일화萬物一花 꽃 한송이 태어나시는 것 모신
노래 구할 길 없었는데
어디 가야 그대 목 메인 노래
우리 다시 들을 수 있으랴

그리움
깊으면 깊을수록 기어이 이루어지리라는
부질없는 설법說法
아직도 놓지 않고 있었음인가
그러나 시인이여
'저 꿈에도 못 잊을 원한과 열망의 봉우리

꼭대기에 두 발을 딛고 새하늘 새땅을 보기 위하여' *
그날 오직 그날을 위하여
기다림의 시로 서로를 묶어
질기디질긴 목숨의 밧줄을 만들라는
그리고 이 땅에서 시를 쓰려거든
목숨을 걸고 시를 쓰라는 당부
나 지킬 수 없었으니
나 그저 먼산이나 바라보다가
먼바다나 그리워 하다가
5월 지는 꽃이 서러워
눈물 감춰야 했으니

지난 날이 그리울 때 있다
기다림에 지치면 지친 날만큼
좋은 세상 가까우리라는
미혹 아직 접지 못하여
목숨의 밧줄 놓지 말라는 말
잊고 사는 게 오히려 편했나니

광주의 참혹했던 오월도
유월의 목메인 목소리도
이젠 잊어야할 때가 되었다고
우리 노래하지 않았던가
나 언제쯤 큰붓 하나 구해서
살아있는 시 한편 모실 수 있을런지
그리하여 시를 써서 세상에 지은 죄
겨우 갚을 수 있을런지

*채광석 시인의 시 「밧줄을 타며」 중에서 인용

흙 한줌 속의 시

흙은
이제 시 같은 것 품지 않아도
지금보다 더 이상 불행하지 않으리
신음하는 당신의 눈물 닦아주지 못하는
시를
홀로 쓸쓸히 죽어가고 있는
어미의 마음을 헤아리지 못하는
시를
이제 흙이 떠나려 하고 있는데
흙 한줌 이슬 한 방울이
한편의 지순한 서정시였던 시절
그 시절로 우리 다시 돌아갈 수 없다 해도
당신이 내 아름다운 어머니였던 시간을
추억하는 것만으로도
우리 행복했다고 고백해야 하리
이제 흙이 첫사랑 저 깊은
음력의 숲속
무릎 꿇어 중음신을 부를

시간이 가까이 다가오고 있는데
가여운 흙이여
시를 떠나지 마오
어머니 흙이시여
시라는 이슬 한 방울로
흙 한 줌 적시지 못한
내 무능의 시여

시인의 빈손

하루 지나고 나면
추억도 첫눈처럼 지워져서
먼데 그리운 곳으로 돌아가야 한다
그리하여 시인은 느닷없는 부음 말고
간절한 울음소리 말고
다른 아무것도 가질 수 없었으리라
또한 시인은
깊은 밤에 홀로 깨어날 수 있었어도
빛에게 말을 걸어선 안되었을 것이다
새벽을 그리다가 눈물이 될 수는 있었어도
가파른 세월 저 끝
가없이 이어지는 어둠을 측량하는 것만이
오직 시의 몫이었을 것이다
아아 혹독한 형벌이었던
지상에서의 마지막 이별의 시 한줄
모진 짝사랑이여 많이 아팠던 김건남 시인의 구애여
시인의 빈손도 가끔은 거룩할 때 있구나
어데 구천을 머물다가

희망을 등지는 일이 버림받는 일이
그대 시의 육친일 때
어디 먼데 우리가 잘 모르는 집으로
시인은 빈손으로 서둘러 돌아갔다

소멸을 읽지 말라

사람과 땅이
아직 한 몸 되지 못하여
하고 싶은 이야기가 많은 그가
시퍼런 나이에 세상을 놓았을 때
그의 고향 내천리 황구지천 다리에서 보았다
끝없이 이어지는 소용돌이 물거품을
집착이나 미움 아직 잊지 못한 사람들 꿈이
흐린 물속에 방생되어
소용돌이가 되는 것이 아닌지 가만히 생각해 보기도 했다
흔적 없이 사라지는 포말이
시가 될지도 모른다는 생각도 들었다
그러나 소용돌이 물거품 속에서
왜 우리는 소멸만을 보려 했던가
물거품 또한 황구지천 지류를
수십 년 수백 년 더 흘러가서
유복자 같은 긴 세월이 낳은
강물이 이룬 길은 아닐까
죽은 뒤에도 이규황 시인이여

수천 년 더 흘러가서 시 따위 모르고서도
시의 어머니이신 강이여
부디 가던 길 멈추지 마시라

우토로여, 이 시를 용서해주오

1

그곳 우토로에 가면
버림받은 시간들이 고여 있는
아주 오래된 우물이 있다
노독이 풀리지 않은 그믐달이
군용 창고 검푸른 기름을 품고 사는
슬픈 우물에게 몇 번 눈 주어도
해방되지 못한 마을
자신의 맨 밑바닥 삶을 드러내 놓고 사는
우물은 여전히 기척이 없다
대일본제국 교토 군사비행장
하루 노역을 끝내고 돌아온 조선인들이
두레박을 던져
서로 등목을 해주기도 하고
흐린 남폿불 아래 마주 앉은 밥상
따스운 숭늉이 되어주셨던
그리고 폭탄이 가뭇없이 떨어지던
캄캄한 밤에도 새로 태어난 아기가 있어

몸을 닦아주시기도 했던 그런 착한 우물
그 우물 앞에 무릎을 꿇고 앉아있는
백발이 성성한 사람이 있다

이제 이승의 온갖 그리운 것들과
마지막 작별이라도 하려는 듯
우물 속을 오래오래 들여다보는 사람
필시 그는 육십년 전에 떠나온
고향집 뒤란 살구나무 잎새 두어 장
살포시 우물에 떨어지면
동그라미 작은 파문이 아름다웠던
지난날의 어린 꿈을 놓치지 않고
먼 길 떠날 준비를 하고 있는 것이리라

2

그이에게
그이들에게
일본국 교토부 우지시 우토로 51번지는

고향이 될 수 없었던 것이다
경기도 평택 서해 바닷가
외진 마을 붉은 노을이 장관이었던 대추리 고향으로
돌아갈 수 없었던 것이다

태평양전쟁이 한창이던 때
식민지 조선의 아들딸들이 징용으로 정신대로 내몰릴 때
국경의 긴 터널을 빠져나오자 희디 흰 눈의 나라였다*는
황홀한 서사로 시작되는 가와바타 야스나리 소설이
참으로 야속했던 조선 청년
그이는 강제 징용된 식민지 청년
그리고 교토에서 프롤레타리아 시인이 되고 싶었던 청년
그러나 땅 몇 뙈기 마련할 돈만 모으면
평생 소작농인 아버지 곁으로 돌아가리라
다짐하며 갖은 설움 감내했던 겁 많은 청년
함바에 빗물이 새고 눈보라가 몰아쳐도
요미우리신문 거짓 승전보
더듬거리며 읽어야 했던 청년

성전聖戰 3주년을 맞아 미영귀축米英鬼畜을 섬멸하는 길
만이
천황의 보은에 답하는 것이라는
황국신민 문장이 아니더라도
미국군함을 격침시키기 위해 자살공격대에 자원입대한
경기 개성 사람 인씨 둘째 아들 순국을 예찬한
보국문장이 아니더라도
그이들은 강제징용에 계속 끌려갔고
그이의 누이들은 정신대에
수없이 끌려가야 했던 것을……
그런데 그이들은
슬픈 우토로를 떠날 수 없다 한다
그이의 청춘을 바쳤던
제국의 땅
우토로를 떠날 수 없다 한다

3

그이들에게 소위 대동아전쟁은 아직 끝나지 않은 것이다

우토로는 아직 해방되지 못한 마을인 것이다
지금도 그이들은 식민지 신민으로
그리하여 그이들은
고향으로부터 어머니 나라부터
깨끗하게 잊혀진 것이다

나 우토로를 모르면서도
이 땅에서 시인이었다
나 우토로의 슬픔 모르고서도
독도는 우리 땅이라고 외치는 시인이었다
고향집 뒷마당 살구꽃 지는 것
못내 그리워하다가 먼길 떠난
그이들 눈물 닦아주지 못했던
부끄러운 시를 용서해주오
우토로여, 부디 이 시를 용서해주오

* 1967년도 노벨문학상 수상작가인 일본 가와바타 야스나리의 소설「설국」의 첫 문장 첫 구절에서 인용.

비주류의 詩

뒤돌아보면
얼마나 많은 날 굴욕에 익숙했던가
내가 꿈꾸었던 시간들
벗들과 함께 다짐했던 희망들
끝내 이룰 수 없다는 것
진즉 알았기에
지는 일에 길들여져서
몇 걸음 뒤 후미 쯤
비켜 서 있는 것이 마음 편했다
지나고 보면
버림받은 날들
그 밤들이 오히려 행복했다
오톨도톨한 먹빛 점자點字 자라서
돌모루 옛집
가여운 노래되셨다
상처도 아물면 우두자국처럼 벗 되어서
외로워도 외롭지 않았다

저 산은 누구입니까

어머니
제가 부끄럼 많은 시인이 되었을 때
세상에서 가장 슬픈 사람만이
정명을 얻은 시 한 편
가질 수 있을 거라 했지요
더 어디 기댈 데 없어
칠흑 깊은 산 속으로
피 뚝뚝 흘려 도망하는 겁먹은 눈동자
뜨거운 숨결이
아무데도 닿지 못하는 고립이
시의 첫마음이라고
굳게 믿은 적 있습니다
어머니
내 흐려진 안목 속에
작은 산 하나 모실 수 있다면
홍복이라 믿었던 시절 있었습니다
어머니
이제 나는 시를 갖고 있지 않습니다

버림받은 떠돌이 시 몇 편이
오늘밤도 저 산속에서 헤매야 해서
저 산이 너무 가엾습니다
어머니
외로워도 외롭지 않은
가난한 마을
외로운 숲으로 가는 길을
나는 알지 못합니다
그 마을에서 논밭 일구면서
비산비야와 더불어
작은 야산 하나 지키며 살고 싶었는데
그런데 어머니
젊은 날 당신이 일러 주었던
저 산의 이름이 생각나지 않습니다
당최 저 옛 산이 누구인지 모르겠습니다
어머니
정녕 그리운 것들은
이름 따위 지상에 남기지 않고

저를 소신하여 대지에 공양하신다지요
어머니
이제 그리웠던 시간들 다 지워
옛산 그늘에 기대어
다시 돌아오지 않는 시간의
긴 비상이나 좇고 싶습니다

제3부
상수리나무, 초록빛을 내려놓으시다

어린 꽃

이라크
아주 오래된 유프라테스 강물 속으로
반달이 떠오르는 시간
푸른 올리브나무 잎새에 덮힌
아버지의 주검을 바라보는 한 소년이 있다
반미반제 해방전사가 태어나시는 시간이다
올리브나무 잎새 사이
꽃 몽우리가 이슬에 빛나다

저기 마을 숲이 있다

요즈음
보름달도 많이 힘드신가보다
걸음걸이가 고단해 보인다
오늘따라 무슨 상심한 일이라도 있는지
무척이나 쓸쓸한 그를
뒤에서 말없이 따라가는 일이
오늘 하루 일과라면 일과다

한마디도 말하지 않고
살아가는 날들이 늘어간다
동탄 신도시 지역으로 수용되어
이젠 다들 살만하게 되었다고
아무것도 모르는 이들이 말하지만
그이도 돌모루 인근
마을숲이 없어진다는 게
못내 슬퍼서인지
종내 말이 없었다

달도 목이 말라서였는지
저기 삼성반도체 불빛너머
기흥저수지 어름에서
잠시 쉬어가고 싶은가보다
푸른 활엽수지대
저기 머잖은 시간에 자취를 감출
오래된 숲이 아직 남아 있다

상수리나무, 초록빛을 내려놓으시다

바람이
아주 옛날
울울창창한 삼림 속
옛 시간을 회고나 하듯
숲 속으로 숨어버리면
늙은 상수리나무는
기다림으로 가득했던 시절
산과 들 천지 사위가
아픈 은유여서 더 안 잊혀졌으리

한때는 마을 사람들이
서로 총 겨누어야 했던
지나간 시간이 못내 사무쳐
홀로 울고 말았으리
그때는 숲의 눈빛도 흐려져서
아침밥 짓는 앞마을도 옳게 볼 수 없어서
나무들 눈에 이슬이 맺힐 때
숲은 순간 보았으리

아직 전쟁을 몰라도 되는
소년들이 한 지게씩 소꼴을 다 벤 후
옷을 벗어놓고 원천 저수지 푸른 물속으로 뛰어 들어가는
연초록 시간들을
이제는 지워야 할 때가 되었다고
그리고 세상이 많이 아프기에
숲도 아프신 것이라고
늙은 상수리나무께서도 믿어
초록빛 놓아두고 바람에게 돌아갔으리

매향리

달이 무릎을 꿇어
희고 푸른빛 한송이 섬에 심으셨다
달은 섬을 지키는 것이 사람이 아니라
한 그루 매화라는 것을 알았지만
나무의 운명을 어찌할 수는 없었으리라
그날 매향리는 부끄러움뿐이어서 치욕뿐이어서
어머니 아랫도리 다 드러내놓고 살아야해서
갓난아기들만이
세상 겨우 바로 볼 수 있었을 것이다
설해목 죽은 매화꽃이
삼형제섬 농섬 규비섬 윗섬 이름 불러도
제 이름을 잊고산 섬들은
괌이나 오키나와에서 날아온
미군 F16 폭격기 숫자나 세다가 늙어갔을 것이다
아하 갓난아기들 천진무구한 말씀들
대보름날 매향埋香으로 묻어
삼형제섬들도 마침내 견성見性하면
지난 날 쿠니사격장 갈아엎어

논밭만들어 땅없는 이들에게 나눠주고
어린이들 뛰노는 들녘 만들면
인근 석천리 이화리 화산리 매향리에
비로소 매화꽃 만발하리라
그날 쿠니사격장 폐쇄를 자축하는 첫 해 첫 날
고유문 지을 어리석은 시인 하나
매향리 마을에 필요할지 또 모를 일이다

매향리 농섬 가는 길 새로 내는 이 있다

저보다도 더 외로운
그리운 누구인가를
기다리고 있는 것 같아 쓸쓸한
매향리 오래된 선창
옹벽 단단한 그늘 속
낡은 배가 묶여있는 밧줄에
한쪽 발을 저는 검은머리물떼새
두어 시간 좋이 농섬 바라보며 앉아 있다
그이들 검은머리물떼새 눈빛에도
붉게 물드는 노을이 장엄했으리라
그러나 노을도 느닷없는 폭격소리에 놀란 듯
먼 곳 서역으로 사라지고
검버섯 불치의 종양같은 어둠이
매향리를 에워싸면 농섬은
귀머거리 착하디 착한 영취산이 된다
많이 아팠던 생명들만이
염화미소 비로소 읽을 수 있다지만
농섬 허공에 불꽃이 환해지고

그때 허공에 새길 내는
새들 있다
그 귀소 지켜보는 것이
매향리 반백년 소원이었다

이제 우음도牛音島는 떠돌이별이 되셨는가

우음도를 떠나지 못하고 맴도는
떠돌이별 하나 시화호 간척지 매립 공사로
가는귀까지 먹어
시절 다 놓쳐서 뻣시디 뻣딘
갯질경이들과 눈인사 나누었으리
또 떠돌이 별은 폐교
텅 빈 우음분교를 지키고 있는
방울나무들이 고마워서
나무들의 아주 어렸을 적
첫마음들을 불러보다가
그만 목이 메었을 것이다

쟁기질하는 에미소 울음소리가
풍경소리처럼 유정하여
우음도라 이름 받으셨을 거라는 섬
저 혼자서는 살아갈 수 없어서
칠면초 퉁퉁마디 갯능쟁이 따위
여럿이 함께 모여 살아
가차운 야산 아까시아 조팝나무 꽃내음과도

쉽게 동무해주던 우음도
사람들이 부지런하여
논에 피 한 포기 얼씬도 못해서
만생종 벼 누룻누룻 여물면 제일 먼저
서낭당 돌무덤에 비나리 한 점
가지런히 얹었을 것이다

먼 곳 황해가 시화호 안개에 가려 보이지 않아도
이제 에미소 따수운 울음소리 들리지 않아도
노랑부리저어새 다시는 돌아오지 않아도
세상의 기다림들 더 깊어가서
마산포로 가는 지워진 뱃길에
폐선 한 척 쓰러져 삭고 있는
흐린 날의 경계 속에서
떠돌이별처럼 우음도는
오랜 날 더 외로워야 하리

* 우음도는 시화호 건설로 인해 사라진 경기도 화성시 송산면의 아름다운 섬이었다.

그들은 우음도를 고향 삼지 못했다

저물 무렵
노랑부리저어새 두어 마리
은빛 날개짓 바라보는 것만으로도
하루일 끝내고 마당에 둘러앉아
저녁을 들던 사람들
행복할 수 있었을 것이다

높새바람에 온종일 흔들려서
갈대숲 지친 그림자 너머
어머니 간절한 기다림 속으로
초승달 떠오르면 우음도 뻘밭에
배냇포대기 속 아기를 달래듯
새끼농게를 데리고 나온
에미 농게 발자국도 지극했을 것이다
그런 밤이면
오색 꽃실로 수를 놓기라도 하듯
갯벌 잔잔히 적셔주는 별꽃들이 많이도 계셔서
섬은 외롭지 않았으리라

그러나 세상은 순명하는 것들
숨결을 가슴에 온전히 모실 수 없어서
오랜날 어머니의 간곡한 그리움이 피운
꽃의 마음 끝내 저버려야 해서
아름드리 당산나무를 베어내고
보라빛 도라지꽃이 환하던 비탈밭길이 파헤쳐질 때
우음도 사람들 이주가 시작되었다
어떤 이는 시화호 건설은 행운이라고도 했다

우음도 끝자락 물푸레 나무
깊게 드리워진 그늘 속에 집을 지은
노랑부리저어새 한쌍
공들인 포란을 그만 둘 수 없었을 것이다
시화호 제방 길을 걷는 달이
울고 있었을 것이다

수원에 외로운 이 많을 때 군청집이 있었다

잊고 사는 시간들이 많아지는
그런 저녁이었을 것이다
덧없이 놓아버린 시간들이
그냥 그리워지는 그런 밤이었을 것이다
그 집에 가면
헤일 수 없이 수많은 날들
홀로 기다리시다가 돌미륵이 된
어머니의 세월 만날 수 있다고 했다
남로당 수원군당 서기장이었던 김시중 선생은
당 사업으로 많이 힘들어
소설 한 편 쓰지 못했던 박승극 당위원장을
월북하기 전 마지막으로 본 것이
군청집 어름이었던 것 같다고 회고하곤 했다
기다림이 깊어가면 병이 되듯
많은 사람들 지쳐 떠나고
혹은 상처받아 정처 없이 떠돌다가
그 집 군청집에 가면
초승달을 타는 야윈 비파소리였을까

가여운 옛노래 들려와
생전 처음 만나는 사람도
그 집에선 다들 한식구처럼 미더웠을 것이다
또 남정네 칠보산 야산대로 보내
이엉도 새로 얹지 못한 어느 집 창문에선
애기똥풀꽃 같은 불빛이
오래오래 흔들리고 있었을 것이다

밥

밥이 귀해
사람이고 짐승이고 간에
오로지 밥을 위해 살았던 시절
영천리 냇가 모래톱에는
밥 찾으러 나갔다가
돌아오지 못하는 어미새들 꽤 있어서
저녁 모래톱 오랫동안 간곡했다
웃자란 억새꽃들이
저희들만 일가 이룬 것이
미안해서였는지
조금씩 흔들려 주면서
노고지리 집 지켜주었을 것이다
살아남은 어린 노고지리들
허공에 저희끼리만 아는 길 내어
밥 구하는 법 깨쳤을 것이다
전쟁 끝난 지가 얼마 안 된 그때
사람 사는 곳도 크게 다르지 않아
뜨신 밥이 아니더라도

하루 한 끼 밥 먹을 수만 있어도 행복했던
그 시절 영천리 냇가 억새밭
참으로 깨끗했는데
노고지리 알이 훌륭한 밥이 되어주셨던
그런 때였다

연화설蓮花說

— 아기를 안고 죽은 어머니에게

그대 오랫동안
칠흑 어둠속에 갇혀있었기에
세상의 고운 빛
다 그대의 것이다

그대 추운 곳에
홀로 있어야 했기에
지상의 따스운 시간들
이제 다 그대의 것이 될 것이다

그대 또 아주 오랜 시간
두려운 곳에 고립되어 있었기에
외로운 곳에 유폐되어 있었기에
무문관無門關 다 놓아주어서 아름다운 적멸들
오직 그대의 것이다

그리하여 세속의 온갖 결핍이
미 제국주의 추악한 총알이

그대의 야윈 육신에 이르러
염화미소 환하게 이루었을 것이다

희망은 커다란 슬픔인가

산이 되어버린 무덤에서 들었을까
무덤이 되어버린 산에서 들었을까
죽은 꽃도 날지 못하는 새도
시든 풀도 똥도 오줌도
라면봉지도 뒹구는 소주병도 희망이라고
춘삼월 군둥내 나는 김칫독 시어터진 김치쪼가리도
이 땅에선 거대한 희망이라고

물론 날 궂은날
우리 어머니 한숨도 희망이지
흙 묻은 호미도 야윈 조선낫도 희망이지
그렇지 마호멧이나 예수나 부처나
공자나 노장만 맑스만 희망 아니지
수운 해월만 강증산만 희망 아니지
우리에겐 저 산 저 무덤이 저 슬픔이
빛나는 희망이지
쓰라린 혁명이지

희망이여 지금 어디 있는가

녹두꽃 뚝뚝 떨어져
슬피 울던 울음 속에 희망 있었는가
그리워서 너무도 그리워서
그냥 미쳐버린 저절로 미쳐버린 그리움 속에
우리 희망 숨어 있었는가

오곡백과 온갖 꽃 다 피어나는
깨끗한 세상 기원 속에
그때 우리 쓰라린 패배
낮고 낮은 벌거숭이산 침묵처럼 엎드려 있었는가
버림받은 어머니 평야
삽날처럼 쓰러져 누워 있었는가

그런데 오늘
저 기다림 버리고서야
저 그리움 지우고서야
그때 아름다운 꽃 한송이 태어나신다니
세상이여 들이여 풀이여 별이여 모르겠네
희망의 깊은 속내를 모르겠네

희망은 가까이 있었다

돌아보면
붙임의 시간들이 낳은 산이
가까이 다가갈 수 없는
먼 불빛처럼 있다
숲을 섬길 수 없는 산은 곤궁한 벽이었다

어깨동무해 부르던 노래도
한 순간 꿈길처럼 사라져
그리다 말은 벽화
사람들 소원이 뒤엉켜 있는
벽이 불쌍했다
옹벽 모퉁이
한 눈빛이 서늘했지만
이루어진 것은 아무것도 없었다
빛나는 내일이 오고야 말 것이라는 노래는 비장했다
그리고 아름다웠다
오래된 풍경이 온전한 벽화처럼 보일 때
불혹은 너무 빨리 지나갔고

웅달 속에서는 저무는 일도 더디었다

지쳐 쓰러져 누워 있었던 지난날이
이미 와 있는 오래된 미래라고
우기는 이 말이 옳다면
옹벽 주위를 오랫동안 떠돌았을
희망을 불행히도 나는 못 뵌 셈이다

야산

— 산의 마음을 갖고 살라던 최택선 선생님께

노을 곱게 피어나는
저녁 느지막이 겨울산에 오르면
지난날 보이지
아득한 시간의 상처
꿈이라든가 혹은 젊은 날 사랑이라든가
이젠 잊어도 되는 이야기처럼
한세월 저를 낮추어 살아온 야산

흘러간 시간은
마음을 비우지 못한 까닭으로
귀한 것만 찾아 헤맸으니
이기는 일에만 골몰했으니
시인이여 그대 어찌 삶 알았다 하랴
높은 곳에서는 낮은 곳을 간곡히 볼 수 없음을
다만 삶은 낮은 땅 궂은 곳에서
비로소 내일의 문을 열게 했으니
눈 먼 자들 숙명이었으리

희망의 씨앗 품고 사는 이들은 알지
겨울산 언저리
침묵의 봄 숨은 뜻을
텅 빈 충만으로 스스로를 채워
오늘은 노을 속에서 더 고요한 야산
남길 이름마저 없어 한없이 낮기만한 산
지순한 마음을 내 언제 갖게 될런지

태백산행

겨울 잠에서 덜 깬 산골짜기
화전민 몇 가구가 힘들여 일구었을
고단한 따비밭을 지나서
우리가 탄 관광버스는
긴 터널로 들어가고 있다
간밤에 내린 폭설이 따비밭
지나온 내력을 설명하려는 듯
가파른 고갯길에서 멈칫거릴 때
도회지에서는 감히 찾아볼 수 없었던
눈부신 까마귀 수십 마리
일렬횡대 대열을 갖추어
푸른 하늘을 선회하고 있다
까마귀들은 한 일가였을 것이다
그런데 더 눈부신 것은 마을 저 쪽
엉덩이를 내놓고 소피를 보는
아낙네 보이지 않는
후덕한 얼굴이었다
하나도 이루어낸 것 없어 평생을 실패했기에

온전히 시인일 수 있었던
김삿갓 묘소 입구 팻말이 보일 때
나 또한 참을 수 없는 요의를 느꼈다
눈앞 폐광 컴컴한 갱도가
세상과 불화한 사람들 전생처럼 보였다

그리움 없이 우리 산하 없었으리
— 신민부 오석 김혁 장군 소전

대체 저 산과 들녘은
어느 천형의 때로부터 몸 받았기에
저토록 외로운 산이 되셨고
아주 오랜 날
아무도 돌보지 않아 고적하여
이토록 사무치는 평야
노여운 시간으로 남아 있어야만 했던 것인가

그러나 이 나라 어디에
깊은 산 없이 유장한 강물 없이
홀로 역사 설 수 있었던가
그리고 어머니이신 평야 모시지 않고
감히 역사 일으켜 세울 수 있었단 말인가

우리가 아직 미욱하여
당대에선 도저히 깨닫지 못하여
선대 고난의 역사에서 겨우 찾아 읽은
당신의 좌절 당신의 아픈 승리가

이토록 늦되게 오롯할 수 있었던 것 또한

저 이름 없는 산하와 평야의 운명이
당신과 늘 함께 하였기 때문이었으리라
그리하여 당신이 내게 처음 귓속말로 일러주신
빼앗긴 조국의 간절한 소망들도
오랜 날 미망의 역사 속에 잠들고 있어야만 했으리라

그때 당신이 돌가갈 수 없는 조국
아니 당신이 다시 돌아가기 위해 떠나왔던 고국
근기 땅 용인군 기흥면 농서리 용수골
가난한 마을의 밤을 지켜주던
수굿한 별빛들도 당신이 그리워지면
며칠째 눈이 쌓여 지워진 길
겨울 압록강을 건너
삼엄한 봉천 무송현을 지나
쏘만 국경 밀산현 삼림을 또 지나
길림성 목릉현에 가까스로 이르르면

신새벽을 기다리는 세상의 모든 전야前夜들이
모여서 이루어진 뜨거운 깃발 하나
펄럭이고 있었을 것이다

식민지 조선 열혈장부들이
일제에 강탈당한 나라를 되찾고자
백두대간이 용솟음치는 대동의 깃발
신민부新民府 깃발이 영명했으니
신민부 중앙집행위원장 오석 김혁 장군
군사위원장 백야 김좌진 장군
조성환 허빈 이일세 나중소 정신 김돈 박두희 문자천 장군들
노혁명가들이 피 흘리신 애국의 발자욱들 성성했으니
정녕 참 역사는
어둠을 통해 가장 빛나는 우둥불을 필연으로 하는 것인지
정녕 참 역사는
고난을 통해 가장 미더운 나침반을 스스로 만드는 것인지

그렇다
그토록 오랜 날
그리움 없이 크나큰 슬픔 없이
오석 당신이 꿈꾸신
한 배달 큰 역사
우리가 어찌 감히 형용할 수 있겠는가
우리가 어찌 당신의 아픈 이름들
그냥 부를 수 있겠는가
참 역사 지켜준 이여
이제사 겨우 이름 밝혀진 외로운 이여

그이 앞에서 우리는 죄인이오
— 반민족행위특별위원회 김상덕 위원장 소전

항용 우러러 받들어야 할 옳은 길은
대명천지 밝은 날에는
여간해선 잘 보이지 않는 법이었으니
정녕 그것이 예견된
이 나라 아픈 고난의 역사이셨던가

그렇다 참된 길은
온 세상이 캄캄한 질곡 속에 묻혀져서야
자신의 남루한 이름
비로소 드러내야 했으니
유구한 오천년 역사 홍익인간 운운
정녕 부끄러워라
우리가 받들어 모셔야 할 옳은 길들
배반의 역사 속에 파묻히어
끝 간 데 없이 흔적도 없이 지워진 길
넋 놓아 바라보기만 해야 하는
오늘 또한 참으로 부끄러워라

반민족행위특별조사위원회
해방조선의 아픈 이름이었다
그러나 신생의 아름다운 꽃이기도 했다
그러나 청산하지 못한 역사는
단 한 걸음도 미래로 나아갈 수 없었기에
단 한 발자욱도 사람의 길로 나아갈 수 없었기에
반민족행위특별조사위원회
김상덕 위원장 크신 이름 앞에서
역사의 바른 길
아직 남은 도정 멈출 수 없다고
무릎 꿇어 낮은 목소리로 되뇌어 보는 것이다

그리하여 오늘 아픈 길 내어
새로 장승도 세우고 솟대도 세워
한 걸음 두 걸음 앞으로 나아가는 것이
우리의 좋은 길 참된 길 아니시겠는가
그 길이 정녕 상생 통일의 길 아니시겠는가

그 길, 아직 모시지 못하여

실로 먼 길이었다.
어둠이야말로 가장 환한 등불이었던 때
캄캄한 것들이 오히려 다정했던
그런 시절 우리에게 있었다
그리하여 고통만이 간절한 님이 되어주셨던
한 시대가 숙명처럼 있었다

길 나선 지 참으로 얼마만인가
이 나라에서는
어머니 지극하신 소원으로
논밭 곡식들이 겨우 여물 수 있어서
삼가 오랜 날들 눈물로 지새워서
여기 오늘 반세기 어둠 아직 가셔지지 않은
가난한 나라에
가까스로 다다를 수 있었던 것인가

오늘 여기 이르기까지
헤일 수 없이 많은 아픈 사랑 있었으니

바람소리 저 깊은 그늘 속으로
소리없이 꽃잎 졌으니
우리 나라에서 제일 미덥고 어여쁜
아들딸들이 온몸 불살라
다시는 다시는 돌아오지 못할
불망의 길 떠나는 것
넋 놓아 바라보아야 했던 것도
이 땅 모진 세월
길의 가여운 운명이었으니

지난 날 윗대 사람들은 나라를 빼앗겼을 때도
서로 부모형제 얼굴 본 적 없어도
경상도 전라도 경기도 강원도 충청도 따위
이북 어디 어디 따위 묻지 않아도
서로 이름 석자 통성명만 하여도
먼 길 고난의 도정 위에서
마땅히 하나가 될 수 있었다

이 땅에서 생명 받은 것
부끄러울 때 너무도 많았다
목숨 부지하는 것 정녕 참혹해서
어디 멀리 떠나 숨어 살고 싶을 때
참으로 많았다
어머니 작은 바람도 들어주시지 않는
일월성신이 야속해서 미욱한 마음에
천지신명 저버린 날도 많았다

남북으로 갈라서서 피 흘렸던 것
동서로 나뉘어 죄짓고 살았던 것
끝내지 않고서는
온갖 노래 아름다운 시 죄다 거짓이다
그렇다 길 모시지 못한 죄 크다
우리의 불화 이제 그만 거두어야 한다
단군 할아버지 깊은 근원에 모실
백의민족의 나라
한겨레로 돌아가려면

우리의 갈 길 아직도 멀다

어서 그날이 오면
지도에도 나오지 않는
백두대간 맨 처음 산골짜기
두메마을 찾아 길 나선
사람들이 또 있어서
그날 숫길 첫길을 일러 무어라고
이름 지어야 하나
무릇 길은 뒤돌아서 보면 아득하여서
꿈결처럼 아련한 자리에
우등불 하나 첫마음처럼 있어서
길은 두고 두고 아름다운 노래가 되고
비로소 구도求道의 역사가 되는 것인데
오늘 우리의 길이 너무 아프다
어머니이신 길
언제 제대로 모실런지

산이시여 절 받으시오

인적 드문 저녁 숲
아랫쏘* 지나 용추폭포 못 미쳐
바람 한 점 없는데
어린 찌르레기 새 한 마리
날개짓 소리에
드넓은 활엽수지대
숲도 놀라셨는가
너무 오래 살아서
더 자라지 않는 굴참나무
붉은 잎새 한 장
가뭇없이 떨어지는 게 가여워
발걸음 잠시 멈추고 뒤돌아보면
숨죽여 울고 있는 산이 있다

시절은 수상했으나
꽃이 필 때는 함께 기뻐서 좋았고
꽃이 질 때는 함께 서러워서 좋았던 마을
풋바심 기다리던 보릿고개 너무 길어

도리깨 서너 자루 만들어두려고
물푸레나무 우듬지 몇 개 구할 때도
산에게 심고 바치던 사람들
그 순한 이들이 쫓겨 들어가
영 나오지 못했던 슬픈 숲
두타산이 오늘 울고 있는 것이다
그때 산으로 들어가서
다시는 고향으로 돌아오지 못하고
이름 석자 지워진 호적부에
붉은 인주 글씨로 망실공비亡失共匪라 적혀
무주고혼이 된 사람들 이 땅에 많이도 있었으니
모진 세월은 또 그들 발자국 쫓는 이들 있어야 했으니
그래 저녁 숲의 울음소리 구슬펐던 것인가

그러나 이 나라에서는
기다림도 대죄가 되어서
그들 입산자들이나
입산자 쫓는 이들 모두

중음신으로 떠돈 지 어언
옹근 쉰여섯 해
오늘 을유년 음력 시월 초닷새
죄 많은 시인들 서른 명 남짓
강원도 동해시 두타산 무릉계 삼화사에 모여
무릎 꿇어 참회의 시 바치나니
대자대비한 산이시여 숲이시여
절 받으시오
절 받으시오

* 두타산 무릉계곡에 있는 폭포 이름. 육이오때 피의 계곡을 이루었고, 김지하 시집 『검은 산 하얀 방』의 아픈 현장이기도 하다.

영등포의 밤

파장의 썰렁한 밤 열 시 삼십 분
아직 장사가 몸에 덜 밴 아내는 짐을 챙기고
지친 사람들 돌아올 수 없는 비애 그 거죽에서
우리가 하루 천오백 원에 잠드는 쪽방 영등포의 밤
딸애가 칭얼대는 희미한 백열등 그리움 속으로
비가 내린다 별들도 캄캄히 주저앉는다
선지 집 낡은 지붕 서까래를 뚫어서
노엽게 달군 얼굴로 말도 없이 어디론가 흘러서
비는 선지피처럼 엉기며 사람들을 깨우나보다
백일이 겨우 지난 아기도 영등포가 싫은가
우윳병만 쓰러져 뒹구는 좁고 깊은 방
진종일 저 혼자 보채다 잠든 아기 얼굴도 잊어서
오늘 팔다 남은 순대 한 접시 배추 몇 포기도 잊어서
영등포의 밤은 한강 밖으로 까맣게 떠나
한평생 소작농 애비 한을 풀려고 비가 오는구나
빗물에 흔들리는 메밀꽃 속으로 우리가 흘러서
여물 솥의 장작개비 뜨거움으로 흘러서
통금시간에 돌아온 문칸방 새우젓장수

무엇이 억울해서 그는 술에 취해 우는 것이냐
깊은 밤 도망치듯 떠나온 고향
땀이 흥건히 밴 밤길 길고 긴 논둑길이 떠오른 것일까
노점에 수북이 쌓인 달랭이 무 잎새에서
늙은 어미 한숨소리 들린다던 말더듬이 사내여
헐값에 서울 중간상들에게 팔려온 저 푸성귀처럼
우리들도 이 영등포 시장에서 아무렇게 짓밟혀서
단돈 백 원 한 닢이라도 깎자던 사람들
안타까운 홍정만이 잠든 시장 사거리
너무 멀구나 전라도 해남 앞바다에서 잡힌
꼬막이며 바지락이 서러운 듯 꿈틀대고
밤비에 더 생생해져 새벽장을 기다리는구나
울지 마라 새우젓장수여 배추장수여
오늘 밤엔 고향가는 꿈이나 꾸자
아아 우리가 하루 천 오백 원에 꿈꾸는 영등포의 밤

제4부

연작시 – 젊은 소작농 김씨의 꿈

연작시 – 슬픈 북소리

연작시 – 일천구백팔십년 풀무골

비나리 다섯마당

젊은 소작농 김씨의 꿈

1. 고시레 고시레

무논 곁에 일렬종대로 잠든 짚가리들
어디서 날아왔나 까치 서너 마리
밤새 언 논둑의 흰 몸속에서는
미루나무 몇 그루 그리움 몇 그루
고시레 고시레 수런거리는 겨울 논
마른 볏단 옆에 잠든 우리들의 미래
붙들린 꿈 몇 장 떠있는 마을마다 고시레 고시레
어제는 진종일 눈만 쌓였지
풀잎도 허옇게 멍들어서 고시레 고시레
헛간마다 녹슨 낫날 흉년마다
황해도라 예성평야 아버지 고향 언제 가나
먼 기다림 마지막 기다림으로 돌아와서
우리가 몇 날 더 쓰러져서 고시레 고시레
숨 죽인 새벽 까치 까악까악 흐느낌 따라
잠든 짚가리들 두 눈 크게 뜰 때
옛 그리움 눈 비비며 일어나서 고시레 고시레

영농후계자 젊은 소작농 김씨여
언 땅 풀리면 사월이라 푸른 봄
고시레 고시레 쟁기날 고쳐 잡고
산모퉁이 자갈밭이나 갈아엎지
새벽 눈꽃마다 겨울 논마다 에헤야 고시레 고시레

2. 어두운 눈

저문 논바닥
다들 집으로 돌아갔네
살강살강 노을이 배어 넘치는 논둑엔
새참에 입가심하던 주전자 하나
망초 몇 뿌리
김씨 집 허기처럼 쓰러져 있네
고속버스 타고 가는 사람마다
살기 좋은 살기 좋은 동네라던 돌모루 돌모루
저녁 벌판 송아지 움메 움메 어미 부르는 소리
앞 산 주봉 뭣부리에 어둠이 찾아와 옆에 누우면

만산홍엽 나뭇잎들이 멀리 달리기 놀이하는 길섶
그러나 소작농의 헛간에 한숨 곰 삭을 때
알곡 절반 도지賭地로 바치던 살찐 들판 슬픈 들판
가을이 깊으매 어둠이 깊으매 갔네
타박타박 뒤도 없이 아내는 갔네
돌모루 살진 땅 남양 홍씨 문중 땅
고속도로 옆댕이 귀뚜리 엷게 울 적
낯 모르는 서울 사람네 땅
비닐하우스에선 웃자란 연분홍 아욱꽃이 환한데
영농자금 밀린 연체료가 걱정인데
누룻 누룻 유신벼 노풍이 한창 가을이 한창
이제 얼추 다 베어가나
마른 물꼬 따라 논을 나서는 오늘 해는 더 짧구나
지게 위에선 빈 도시락이 덜그럭 덜그럭
아내가 기다리던 마을 초입엔 아무도 없고
유신의 기수 살기 좋은 농촌 따위
팻말들 어둠 위 나란히 누워있네
멀리서 우리집 복술이 짖는 소리

반갑게 들려오지 그리움 찾아 들려오지
큰 병원 한번 가보지도 못하고 아내는 떠나고
대보름 달빛 따라 큰 벌판 따라
빈손으로 어린 아들 데리고
북 하나 등에 지고 남쪽으로 내려온 사람
산비알 찔레꽃 우북한 척박한 땅
천수답 세마지기 구한 것도 과분했으리
땅의 주인은 사람이 아니라
흙이 진짜 주인이라고 여기셨던 아버지

3. 남쪽에 괜히 내려왔다는 아버지

떠나갔네
햇살 좋은 날 주봉 올라
우듬지 뻿신 소나무 골라
지게 두 짝 만들어두고
먼 길 떠나갔네
한평생 옹매듭만 짓고 산 쉰일곱 해

죄진 놈 잡아오라면 힘없는 우리 아버지
이북 고향이 좋아라했다고
무시로 붉은 화인이 찍혀야 했던 사람
그때부터 북채를 놓았던 사람
그때부터 북을 버렸던 슬픈 삼팔 따라지
가슴 시린 덧없는 세월
전생 얄궂은 인연 다 얽혀서
논 세마지기 자갈밭 한 뙈기
한 마리 나비 허물처럼 남겨놓고 간 사람
이제나 저제나 고향 찾아가는 꿈 빌다
두 눈 감은 아버지는 우리 동네 청맹과니
빈 주먹 가슴만 후려치던
쉰 일곱 살 늙은 농투사니
북채를 버리자 당신은 귀머거리 장님이었다
손주 같은 어린애들도 하대하던 사람
나이가 벼슬이라며 예순까지 열심히 일만 하면
우리집도 쬐끔 심평이 필거라던 아버지
이렇게 남북이 오래 갈라설 줄 차마 몰랐더라고

영영 막힐 줄 알았으면 우린 안 내려왔다고
술 한잔 들어가면 골백번도 더 말했지만
농투사니 한평생에 산비알 밭뙈기 몇 자리
이녁의 육십 평생 지금도 들려오네
어젯밤 꿈속에서 뚜벅뚜벅 삼팔선 지나
임진 예성강 지나 고향 다녀왔는데
당최 고향땅을 몰라보겠다고 아주 서운해 하시던 아버지
그래도 박정희가 이후락이를 평양에 보낸걸 보면
통일을 안할 모냥은 아닌 것 같다면서
황해도 고향 하늘 바라보며
소리치던 고함소리 꺼으꺼으 울음소리
갔네 불쌍한 아버지 고향에 돌아갔네
서른 살에 나왔다가 쉰 일곱 떠돌이 길
허우 허우 물어 물어 고향 돌아갔네
그렇구나 그렇구나 우리들 소작농 못 잊어서
거기서도 가래질하고 계실 아버지
이려! 이려! 워 워 암소 몰고 가며
고향땅 쟁기질하는 농군이 되었을 우리 아버지

4. 농부의 아내가 되고 싶다던 딸아이

쓰라림 깊이 누운 밤마을
매캐한 쑥불 연기 속에
어둠이 오래된 동무 같은 밤
양식 떨어진 마을 절량絶糧의 어둠 속에
돈도 벌고 공부도 할 수 있다며
고향 말없이 떠난 딸 지혜
땅 살 돈 마련되면 돌아온다던 아이
삼년이 지났어라 수수깡 울타리
채송화도 봉선화도 섧게 울었어라
할아버지 대상 때도 안내려온
딸은 구로공단 스물한 살 노동자였다
못 배운 글 야학으로 마쳤다는
눈썰미 고운 아이 지혜야
고생스러워도 우리처럼 농촌이 고향인 사람과
결혼하고 싶다던 착한 아이야
대체 너는 지금 어디 있는 것이냐

가을걷이 끝내고 딸의 슬픔 찾아
늦은 밤 영등포 역전
졸고 있는 신문팔이 소년들 몇 명
서둘러 오가는 가시내 가시내들
마지막 버스도 어둠 속에 서둘러 떠나고
칼날 고요히 초승달이 묵는 구로동
작업 중 면회사절 팻말이 캄캄히 빛날 때
철커덕 저 소리는 사장님 퇴근할 때 정문 열리는 소리
철커덕 저 소리는 우리 아이 재단기 넘기는 소리
철커덕 저 소리는 몇 푼 산재비용 던져주고
노동자 내몰아 후문 닫는 소리
철커덕 철커덕 아니다 저 소리는 서울 잡소리가 아니다
돌모루 고창댁 진천댁 홍서방네 한씨네
쇠죽 여물 썰 때 작두날 넘어가는 소리
아아 저 소리는 영농자금 못 갚은 팽성댁 안방에
차압 딱지 붙이는 소리
대낮처럼 훤하여라 철커덕 철커덕 불꽃 여무는 소리
철커덕 공장 문이 열렸다

철야가 끝난 것이다
새벽이 온 것이다
밤샘한 때꾼한 눈
암흑 속에서 태어나는 백송이 천송이 꽃들
이른 아침 속으로 가만 가만 모여들 때
김씨를 보고 달려 나온 벌말 구이장 딸 인선이
긴급조치 이후 우리 아이는 여길 떠났다 하네
지혜는 여기 공장에 없었던 것이다
하지만 김씨는 보았을 것이다
더 많은 여럿이서 떼 지어 몰려가던 딸아이들을
붙임성 있어 누구에게나 잘 따랐던 우리 지혜
잔정 많아 시집가면 잘 살거라던 우리 아이
그러께인가 그끄러께였던가
오랜만에 추석에 내려와 하던 말
박정희 대통령은 노동자 농민의 적이라는 말
그때 나는 네가 두려웠구나
그때 나는 네가 내 딸 같지 않았구나
그런데 지혜야 내사 이제사 알 것도 같구나

헛농사 밑지는 농사 저곡가低穀價가
저임금 너희들 밥줄 때문인 걸 이제사 알겠구나
영농후계자 부끄러움을 이제사 알겠구나
하지만 보아라 저희끼리 무리지어 사는 찔레꽃
돌모루 들녘 푸른 미루나무들을
바람에 쓰러져서 바람에 일어나서
더 꿋꿋하게 자라 숲이 되어가는 나무들을
그런데 얘야 지금 어디 있느냐
할아버지 소상 때 신랑감 데리고
고향에 내려온다던 우리딸 지혜야
지금 대체 너는 어디 있는 것이냐

5. 시월 막사리

오늘은 추곡 수매하는 날
덜컹덜컹 힘 좋은 경운기 사이
삐걱삐걱 마차가 이룬 탄식의 횡대
농협 큰 마당

볏가마 한 섬이요 두 섬이라
슬픔이 석 섬이요 넉 섬이라
측백나무 울타리 코스모스 하얗게 흔들리네
새벽 하늘 어린 별빛 머리에 이고
어둠 바심 저녁 달 등에 지고 나와
먼저 자리잡은 농투사니들
햇골 사람들 서넛 한기 달래는 주막
올해도 수매가 25% 인상이라 말하지만
비료값도 안 나오는 헛농사
도지 받으러 온 지주나 좋아라 황금들녘이냐
땅 뗄까 흉년이나 풍년이나 애태워라 풀도 울어라
아끼바리 건조 불량 볏가마 불량 도장 찍으며
다수확 통일벼 왜 안 심었느냐 부라리며
지나가는 수검원도 이젠 겁 안 나지
매상을 끝낸 빈 마차의 꿈들
농협 뒤뜰 어쨴 바람은 따가운지
모조리 등외 맞은 느린내골 구이장 강씨
거푸 마신 술기운에 농협 조합장 붙들고

군청에서 강제로 심으라고 한 종자 때문에 사단 난 것
잘 알지 않느냐고 사정하지만
시월막사리 너무 춥구나
이참에 조합장도 우리가 직접 뽑아야지
우리도 알 것은 알고 살자고 소리칠 때
하나 둘 자리를 뜨던 농협 직원들
바로 엊그제 서울 한복판
청와대 부근 궁전동 안가에선
대통령한테 총질까지 했다지
평생 대통령 해먹을 것 같던
박통이 죽었다고 난리 나는 것 아니냐고
여기저기 모여서 수군거리지만
느린내 흐르는 물처럼 그냥 놔두는 게 민주주의라던
딸의 말에 가슴이 미어지는 젊은 소작농 김씨
아침저녁으로는 추워라 시월이라 막사리
해전치기 마차 고삐 잡은 농민들
내일 첫 서리가 오시려나
고개 떨군 고추대가 파르라니 떨어라

6. 꽃의 말씀

복사꽃이 흐드러진 집
조문 온 사람들은 주인을 지켜주지 못한
늙은 복숭아나무를 나무라며 술 마셨지
서울 땅주인이 나타나서 별장 짓겠다고
복숭아밭 그만 내놓으라는 성화에
덜컥 농약을 마신 사람 무정한 사람
원예 교육도 도에 가서 착실하게 받은 사람
월남도 함께 가서 죽지 않고 돌아온 사람
활짝 핀 복사꽃 아래
복사꽃 한 움큼 움켜쥐고 잠들어있었네
동갑내기 친구는 꽃을 바라보며 말했네
너무 많이 핀 복사꽃이 불쌍하다고 미안하다고
복숭아나무들이 말귀를 알아듣는 것 같다고
꽃 바라보며 하염없이 울었지
이 나라에서는 땅 없는 것이 큰 죄라며
껄껄 웃으며 미친놈처럼 함께 울었지

가난이 싫어 집나간 사람을 생각하며 엉엉 울었지
늙은 복숭아나무들과 함께 나눈 시간
참으로 고마웠다고 말하였지
친구는 농약을 한 모금 넘기면서
아내가 좋아하던 연분홍 복사꽃에게 말했으리
너희도 많이 아팠을 것이라고
너희도 주인을 잘못 만나 많이 힘들었을 거라고
그때 무슨 말씀 천둥처럼 들려 왔으리
그때 복사꽃 시나브로 질 때
흙의 어린 속살 껴안으며
작은 목소리로 나누는 꽃의 말씀
뿌리의 속삭임 들려 왔으리
다들 가난했지만 참될 수 있었다고
다들 배고팠지만 이렇게 아프지 않았다고
홀로 묻고 홀로 대답하였으리
그때 문상 온 사람들
줄줄이 연대보증 선 것 걱정이면서도
초상집에서 사횟술 어색하게 나누면서

복사꽃이 너무 붉은 것이 이상했다고
꽃 붉은 것이 아무래도 망자 데려간 것 아니냐며
술잔을 돌리는데 죽은 이 옛정인 듯
고마운 봄비가 가문 밭 촉촉이 적시며
근조 조등을 밝히는 밤

7. 소작농들의 꿈

돌아보니
실향의 아버지 꿈이
새마을농촌 영농후계자
젊은 소작농 김씨의 꿈이었소
김씨 그도 구획정리가 바둑판처럼 잘되어 있는
논 열 마지기 갖는 게 소원인 때 있었소
아버지 유택 편히 모실 비산비야 한 자락
지척에 두면 좋겠다고 생각한 적도 있었소
융자받아 고소득 화훼 비닐하우스도 짓고
눈매 부리부리한 미국 송아지 몇 마리 받고

농촌지도소 교육도 잘 받아 과수원도 넓히고
열심히 일하면 꿈 이루는 줄 알았소
남들 부러워하는 증산왕 농림부장관상 받으면
새농민상 받으면 일생의 광영인 줄 알았소
비닐하우스에서 튜울립 카네이션이 만발하고
미국 송아지가 쑥쑥 자라 어미소가 되면
가화가 만사성인 줄 알았소
지난 봄에는 아프리카 케냐 대통령이
우리 동네 새마을 견학하러 왔을 때
내손으로 셍고르 대통령 방문기념비 세울 때
영농후계자 보람도 느꼈었소
시인이기도 한 흑인 대통령 눈빛이 참 고왔소
돌아보니
황금 봉황 두 마리 그려진
농림부장관상 종이쪽지도 소용없었소
붉은 다알리아 카네이션도 먹성 좋은 미국소도
헛일이었소
외국에서 높은 양반 올 때마다 기념비 세울 수 없다며

셍고르 기념비 뽑아갈 때 알았어야 하는데
돌아보니 버림받은 평야
소작농이 가질 꿈은 애시당초 없었소
돈 벌러 사우디아라비아 갔다 오자마자
고향 떠난 이철근이가 백번 옳았소
쑥고개 가서 야매 양담배 장사하는
초대 영농후계자 최씨 말이 옳았소
장가 가기 위해 용인으로 나갔다가
김량장에 눌러앉아 복덕방 버마재미가 된
박청산이가 우리 농투사니선생이었소
나 잘못 살았소
나 흙처럼 살았지만 잘못 살았소
아하 그런데 삼칠일도 안 된 송아지 눈망울이 너무 착하오
아하 그런데 복숭아꽃 흐드러진 열나흘 달밤이 너무 곱소
아하 그런데 그런데 내 꿈이 너무 서럽소
우리 꿈이 정녕 아득하여 서럽소

슬픈 북소리

— 북소리는 먼 곳 아픈 시간 찾아가기 위하여
더 아파야 했다네 더 아프게 울어야 했다네

1. 예성강의 어머니

청솔가지 푸른 연기 숲속으로 잦아들어
참나무 숯불이 사위어가는 밤
야윈 불빛에서 흐느낌 새어 나왔네
누구를 사랑하지 못했다는 것은
섬겨야 할 사랑이 아직 남아있다는 것인데
고향을 떠나야 하는 것이
그들은 서러웠던 것이다
우리 힘으로 나라를 못 찾고
큰 나라 남의 힘으로 나라를 찾았기에
피를 나눈 한형제끼리
총질하는 험한 세상 모진 세월
쉬 올지도 모른다는 소문이
쓰러진 적막 뒤에 숨어 떠돌 때
두웅둥 둥둥 북소리 뒷산 흔들어 앞산 깨우지만
대저 나라의 앞날이 구만리로구나
아들아 우리 경주 김씨 종손 만봉아

이 북은 증조부님이 만드신 북이다
남조선에 가더라도 이 북 놓지 말고
고조부님 증조부님 조부님 모신 참숯골 새겨 두거라
어디서건 아버지 잘 모시고
조상님들 기제사 날짜 잊지 말거라

하마 여긴 노서아 병정들이 들어왔는데
남녘에도 코쟁이 양키가 왔을 거라던데
이 나라는 청청한 너희들의 미래 아니더냐
황해도 예성평야 논 닷 마지기 밭 두 뙈기
왜놈들 징용에 공출에 갖은 등쌀에
아무리 힘들어도 북채만 잡으면
너희 아버지는 이팔청춘처럼 신명 났었구나
그리하여 천지신명은 우리에게 힘과 노동을 주셨고
흙 지성으로 섬기며 높은데서 낮은 곳으로
흐르는 물 따라 참나무 숯막이나 지키며
두웅둥 둥둥 북소리만 들을 수 있으면
우리들은 행복했구나 가난해도 넉넉했구나

그런데 누가 이 땅에 삼팔선을 그었다더냐
낮은 곳으로 흐르는 강물 막었다더냐

어둠 속 사립문 빗장 만지작거리다가
두려움 따라 어둠 따라 길 떠나는 두 부자
남조선 화성 땅 산자수명한 곳
봇물 댈 때 물꼬싸움 하다가도
새참 막걸리 한 잔이면 금새 벗하는 사람들
기흥수리조합물이 다복한 친정 마을
틈틈이 마차를 만들어 파는 외할아버지
너희 부자 반가이 맞아 주리라
남조선에서 중학 마치고 돌아와 고등학교는
여기 해주농업학교나 가면 좋겠구나 예나 지금이나
흙은 일하는 사람들의 미래 고단한 미래

2. 겨울, 공무도하가 空無渡河歌

겨울이 매운 것은

따뜻한 봄을 맞이하기 위해서라는데
어두운 시대 어리석은 사람들
마을 언덕에 민들레 자운영 패랭이
들꽃 화들짝 피면 돌아올꺼나

세집뫼 안서방네도 어젯밤 동인천 어딘가로 떠났다던데
강씨네는 큰아들이 서울 양평동 철공소에
일자리를 잡았다던데
오늘은 너희 부자 여길 떠나는 날
당신은 뱃속아이 이름을
아들이면 천봉이 딸이면 자운영의
운영이라고 쓰면 어떠냐고 했지요
그리고 당신은 나를 닮은 딸이었음 좋겠다고 했지요
그런데 만봉아 너는 참 착한 애였구나
붉은 오디를 따러 갔는데
뽕나무에 둥지 틀어 알을 품고 있는
어미 붉은머리오목눈이와 눈을 마주쳤다지
너는 오디가 애기새들 먹이라며

오디를 따지 않고 그냥 돌아오곤 했구나

그런데 만봉아 강물이 꽁꽁 얼었구나
그래도 손을 넣으면 물의 몸은 아직 따숩구나
물이 깊으면 물의 몸은 얼지 않는 법
떠나간 이들이 돌아오는 날
강이 얼지 않았음 좋겠구나
언강이 풀리는 꽃피는 봄에
사람들이 돌아왔으면 좋겠구나
그때가 되면 텃밭엔 무엇을 심어야 쓸까
오래 묵혔던 땅 대여섯번 쟁기질해서
검은텃골 맑은 물을 섬기며 꽃 피우는
자운영이나 몇 삼태기 여기 저기 훌훌 뿌려야지

이제 너희 형제 서로 다른 얼음판에서
팽이를 쳐야 하는 아픈 세월 아픈 산하*
때리면 때릴수록 더욱 더 꼿꼿이 서서
꽁꽁 언 땅의 어둠을 지키는 팽이

아프게 맞아야만 생의 중심을 채울 수 있어서
빙판의 경계를 지키는 팽이
더 두터운 빙하기를 기다려
푸른 멍 검은 상처가 일생인 팽이
좌로 치면 좌로 돌고 우리 치면 우로 도는 팽이
그런 팽이를 쳐야 하는 강이 너무 무섭구나

너희 부자 어젯밤 남조선으로 갔구나
기어이 강을 건너갔구나
기어이 남조선으로 갔구나
다음 달이면 태어날 아기도 못 보고
우리 모자 남겨두고 떠났구나 떠났구나

3. 남조선에 내려오다가 들은 노래

바람이 꽃을 경계하여
벌판을 지키고 있었네
그때 노래 들려 왔네

바람이 꽃을 피운 것인지
꽃이 바람을 불러낸 것인지 모르겠네
어둠 이쪽은 좌익
어둠 저쪽은 우익

바람은 꽃을 오랫동안 지켜주지 못했고
황조롱이 한 마리 둥지 지키고 있다가
어둠을 풀며 서둘러 새벽 속으로 날아갈 때
탁 타악 탕 총소리가 들려 왔네
꽃을 두려워하지 않는 자들이 거기 또 있었던 거네
반도는 빈 평원을 떠도는 바람이었네
박명의 깊은 중앙 불쑥불쑥 튀어나오던 총검들
막 불을 뿜던 총구 가만히 들여다보면
그곳은 돌을 쳐서 불을 만드는 구석기
그리고 인육을 매매하는 야만의 시대
암흑도 더불어 있었네

높고 푸른 산 위에

까치발하고 꼿꼿이 서면 보이는 것 있었지
아우성치며 함성으로 무리지어 쓰러지던 깃발들
바람을 가로지르는 고요한 침묵의 숲
우린 그때 선불 맞은 외로운 짐승들이었다
그날 벌판엔 청산되지 않은 식민지의 어둠들이
캄캄히 진을 치고 있었는데
어둠 속에서도 모를 내는 두 사람이 있어 아름다웠네
할아버지와 손자였을까 부자지간이었을까
아직 전쟁을 모르는 독가촌 외딴집
등잔불빛 곱게 흔들리며 들려오는 말씀들
오래오래 들려왔네 행복했네
아이는 벽장에 두고 온 가오리연이 생각났고
어머니가 보고 싶었네
그냥 집에 돌아가고 싶었네

원시림의 아픈 묵시 사이 가득히
접근금지의 붉은색 어휘들이 악령처럼 숲을 버티고
환멸 몇 마리 자라고 있는 철책선

어린 마음에도
삼팔선은 멀리 있는 것 같기도 했고
아주 가까이 있는 것 같았다

4. 남조선에 다 와서 들은 노래

예성강과 한강이 만나
황해 난바다가 천천히 비롯되는 곳
하지감자 흰 꽃이 다복한 밭
원을 그리며 날아온 미군 정찰기가 아스라했다
배고파서 주인 모르게 감자를 캐던 아이도
크게 놀랐으리라
어린 아들은 어머니에게 도로 돌아가면 안 되느냐고
아버지에게 물어보았을 것이다
이제 그 사람들 갈라선 땅의 숱한 익명들
어떤 악몽에도 익숙해 어림짐작으로
모든 어둠을 척척 맞추는 사람들
태곳적 처음의 빛으로

돌아갈 수 없는 사람들
실명의 먼 길을 찾아나선
우리들은 어둠이었네 빛이 아니었네
강물에 떠 있는 삐라 몇 장
삼천만의 국부 이승만 박사 얼굴과
영용한 인민해방군 김일성장군 얼굴이
거칠게 그려져 있는 전도서였네
서로 좋은 시간 서로 좋은 나라를
사람들은 왜 부정해야 하는 것일까
버려진 침묵과 더불어 또 다른 이름을 숨기며
한사코 빛을 감추는 매복들
어둠이 무서운 아이는 예성강으로
되돌아갈 수 없느냐고 또 묻지만
이제는 남쪽으로 너무 많이 내려왔다고
고향으로 돌아갈 수 없다고
아이에게 가만가만 들려주었을 것이다
아버지는 거의 다 왔다고 했다
저 안개꽃 피어나는 착한 강이 임진강이라고

말했을 것이다
강에는 우리보다 먼저 와 강을 차지한
군복을 입은 이들 있어서
강을 남북으로 나누어 자기 것이 좋다고
우기고 있었네
강을 자기네 것이라고 우기는 사람들 그들은
강물의 아픔
갈대의 아픔 꽃의 아픔
구만리 먼길 찾아준
알락꼬리마도요새의 아픔 모르겠다면서
총구에서 새어나오는 화약 내음이 정들었다며
좋아졌다며 흐흐 웃고 있었네

먼동이 트자
강은 자신의 야윈 알몸이 부끄러운 듯
울고 있었고
바로 여기서부터 남조선
혹은 대한민국이 시작되고 있었네

5. 형제지간이 무서울 때 더 많았다

들녘에는 망각 몇 송이 피어있네
눈 덮힌 타관의 논두렁에 묻힌 아버지의 꿈이여
한평생 농투사니였던 아버지 슬픔이여
이젠 아예 잊어버린 원망들이여 수렁들이여

겨레는 하나라는 한겨레 처음 뜻들이
거짓 구호가 되어 망령이 되어
한반도에 떠도는 아픈 세월 많았네
갈 수 없는 땅 만날 수 없는 사람들
영영 빠져나오지 못할 것만 같은
질기디질긴 망각의 끝
그 끝이여 모든 허구의 끝이 만든
옹매듭 너무 깊어 풀 수 없었으리
아예 옹매듭 짓고 사는 게 편했으리
우리가 발가벗고 떠는 부끄러움의 끝
수렁에서 다가올 해빙기를 기다릴 때

내 동생도 예성 평야 넓은 벌판에서
남조선 형 그간 남조선에서 뭘 했소
혹여 괴뢰는 아니었느냐고 묻는
애증과 분노의 울부짖음도 들리는 것 같았네
남쪽에서도 뭐라고 말하는 것 같았는데
이내 바람에 묻혔네
아하 기다렸다고 다만 기다렸을 뿐이었다고
오랜 날 그냥 침묵으로 그리워했다고
그러나 서로 좋은 공화국과
서로 나쁜 공화국으로 나뉘어
어둠 깊은 은폐의 군장을 꾸릴 때
매일 밤 새 암호를 수하하는 사람들
정녕 그 자를 알지 못한다면서
골백번도 더 부정한 우리들 신약新約의 분단시대
조선민주주의인민공화국 아우여
우리가 고조선적 발자욱 오롯한 풀밭으로 돌아가
벌거벗고 살아도 좋은 땅이 어디 없을까
깊은 물은 얼지 않는다는 어머니 말씀

무량한 뜻을 헤아리는 초저녁
눈 덮힌 초가에서
어머니 물레 노래 들려오는 것 같구나
그날이 오면 손자들
입힐 옷을 집고 계시는구나

6. 북을 쳐라

두웅둥 둥둥 북소리 들리네
우리들은 무엇이 되었나
별이 되었나 아니면 풀이 되었나
그것도 아니면 이 땅의 봄이 되었나

예성강 초가집에 홀로 남으셨던 어머니
우리들은 아무 것도 아니었어요
거치른 들녘 진한 어둠이었어요
우리들은 강고한 분단의 두터운 전선을 이루었어요
그런데 어머니 들려요 저 북소리 두웅둥 둥둥

귀머거리 고막을 찢는 소리 들려요
천둥벼락보다도 더 큰 북소리 들려와요
어서 북채를 쥐라는 저 소리 소리
치면 칠수록 더 멀리 더 넓게 더 높게 번지는 북소리
너희 자본주의로 쳐라*
너희 사회주의로 쳐라
너희 총검으로 쳐라
너희 죽은 이데올로기로 쳐라
너희 아직 숨 붙어 있는 이데올로기로 쳐라
양키도 쳐라 로스께도 쳐라 왜놈도 쳐라 뙤놈도 쳐라
칠테면 얼마든지 쳐라 쳐라
백두에서 한라에서 쳐라
해 뜨는 동해에서 쳐라 해지는 서해에서도 쳐라
제주도에서도 치고 함경도에서도 쳐라
서울에서 평양에서도 쳐라
한강에서 쳐라 대동강에서도 쳐라
남북 온갖 잡것들 쇠붙이로도 칠테면 쳐라
그렇다 아우여 이제 너와 나

거대한 북이 되자
어떻게 겨울이 가고 봄이 오는가를 아는
북소리가 되자

그리하여 북소리는 상처를 가여삐 여기셨네
그리하여 더 아파야했다네
버림받은 시간
상처받은 땅 찾아가
어디서는 함께 울고 웃다가
노래가 되어주시기도 했다네

*이태건 시인의 시 「칩거일기」에서 팽이 이미지를 구해옴.

일천구백팔십년 풀무골 비나리 다섯마당

첫마당 · 농투사니 혼풀이

대저 하늘은 어느 때 나서 저기 있고
장차 한 많은 세월 흙이 바른 이름 정명 찾아
우리가 풀무골에 묻힐 수 있는고
어허 뫼와 냇물이 음양으로 나뉘어 용을 쓰매
근기 땅 꼬불꼬불 이십 리 길 깊디깊은
아흔아홉살이 산골짜기
밤낮으로 각기 다른 풀무나 치며 한평생
두렛날 장구나 치며 에헤라 한세상
먼저 사람들이 말하데 풀무골이라 이름 하였구나
높은 데는 괭이로 밭을 일궈 씨 뿌려
낮은 데는 쟁기로 논을 풀어 물대니
사월에 부는 바람 오월 단오 때 삭이고
오월에 드는 홍수 유월 유두로 막었는데
풀무골 터왕 터전 지켜주시는 산신령님
비나이다 비나이다 방앗간 뒷집 김서방도 뜨기로 했다오
육손이 효자둥이 봉학이도 집을 팔았다오

오곡백화 씨알 던져 김매거니 솎아 주거니
농사짓고 살었는데 풀무골에 풍년가 두레소리 헌걸찼는데
떠나지 마오 김서방 떠나지 마오 최서방
서로 사둔 맺기로 해놓구서 그냥 떠남 어떡하오
우리 농투사니 봄기운 파슬 파슬 가슴 틀 때
논밭에서 피땀 흙 속에 바칠 때
새참 술 개평할 때 안주 많이 축낸다고
지청구 놓을 때 물꼬에 물 넘어가는 소리
얼마나 듣기 좋았소
아무려나 흙 한번 만져보지 않은
잡것들한테 땅을 내놓다니
억울하오 원통하오 정말 이럴 수 없소
비나이다 비나이다 두 손 모아 비나이다 풀무골 산신령님
그 사람들 못 떠나게 마차길 막아 주오
불쌍한 그 사람들 행여 대처로 떠날 때
도라꾸 못 들어오게 신작로도 막아주오
다들 가면 동네 궂은일은 누가 할까
풀무골에 상이 나면 제일 먼저 달려가서 염하고

상여 나갈 때 소리 구성진 상두꾼들
우리 둘 중 먼저 죽으면 고달팠던 몸 구석구석 닦아주고
오동은 아니라도 향 좋은 소나무로 관을 짜서
백옥 이밥에 흰옷 입어
극락 가서 고단한 팔자 면하자던 사람아
새벽 무서리 때 한시름 자욱한 가을 논
뜸북 뜸북 뜸부기나 우리 설움 알아줄까
세상 세금 중에서 먹세가 제일 낫다들었는데
재산세 산림조합세 수리조합세 하천부지세 농지세
바삐 찧는 절구에도 손 들어갈 틈이 있었는데
전생에 무슨 죄 갚는다고 세금은 그렇게 많은고
책상머리 볼펜 잡고 태평가 부르는 공무원들
비만 오면 저절로 풍년이 드는 줄 아나본데
썩은 것들 장님 제집 닭서리하기로구나
세상인심 다 변해도 하루 두 끼 걸러도
모진 팔자 탓이거니 여겼는데 아니구나 아니구나
컴컴한 등잔불 풀무골에 전기불 들어오면
세상 천지 환해질 줄 알았더니 아니구나
우리 가슴 억장이 무너지는구나

큰일났소 풀무골 산신령님 큰일났소
논밭 밀고 새마을 공장만 들어오는 줄 알았는데
논밭 밀고 가든 모텔만 들어오는 줄 알았는데
큰 산 무봉산 포크레인으로 사십 리 밀어붙여
골프장이 생긴다는데 어이할꺼나 어이할꺼나
도랑 치고 가재 잡던 춘사월 보리피리 닐리리도 끝이구나
맑디맑은 용수정 샘물도 끝났구나
논두렁에 밭두렁에 보리수 붉은 열매 달디달아
용수정물 달디달았는데 아하 끝이구나 끝이구나

둘째마당 · 삽풀이

어허 천덕이 삽이야
둥둥 벼포기야 봇물이 넘치는구나
황톳물 봇물에 삽자루 떠내려 가는구나
어허 둥둥 십년 가뭄 목마를 때
천덕이 논에서 죽네
베트콩에게 잡혀서도 안 죽은 천덕이 죽네

암소 붙잡으러 가다 한천덕이 죽네
터졌구나 십 년 동안 소식 없던 비
을축년 홍수 몰고 왔구나
십년 가뭄 따라 흉년 따라 봇물이 터졌구나
우리 슬픔 누가 아나 논바닥아 벼포기야
한식에 굶어죽으나 청명에 흉년들어 죽으나 한가지련만
봇물에 떠내려가는 한천덕이 팔자야
비는 마른 땅 가문골짜기 얼씨구절씨구 서로 껴안고
삽자루가 둥둥 논바닥 벼포기가 둥둥
미루나무도 우지끈 찢어지면서 논두렁을 치고 넘어졌는데
쉰내 나는 두엄가리도 둥둥 돼지우리 구유통도 둥둥
두집뫼 과수댁 광혜원댁 삼간 초옥도 둥둥
하루는 온 동네가 시끌벅적허니 국방군 막사였더니
하루는 떡하니 인민군 막사였던 공회당에도
온갖 설움 갖은 슬픔 목이 메어 가득하구나
대명천지가 넘쳐 흐르는 것으로 넘쳐나는구나
난리 때 삽날에 찍혀 죽은 홀애비가 오셨구나
무자식 상팔자라지만 제삿밥 못 얻어먹어

삐쩍 마른 홀아비 귀신이 몸 풀어
논둑에 총 한 자루 이십년 좋이 썩고 있었구나
찔러총 우로 찔러 좌로 찔러 받들어총
캄캄한 풀무골 인공 때 그때를 잊지 못해서
밤마다 골짜기마다 에므왕 총알이 독을 품고 있구나
하루 걸러 좌익이다 이틀 걸러 우익이다 법석을 떨 때
좋씨끼리도 총 겨누어 뒷갈망 없이 설치던 때
한 어깨에 두 지게 질 수 있을까
떠내려 간다 한천덕이 지게가 떠내려간다
물푸레나무 지개자루 떠내려 간다
떠내려 간다 머슴살이 구년하고 바꾼 논
한천덕이 젊은날이 떠내려 간다
쌀 한톨이 아까와서 벌벌 떠는
한천덕이 시퍼런 청춘이 떠내려 간다
우리도 한번 잘살아보자는
맹세가 쓰러져 기다림이 쓰러져
한 천덕이 곡괭이 들고 골프장 찾아가지만
골프장 놈들 말하는 본새가 가관이라

진작 논 팔았씀 이런 곡경 안 치렀을 거라니
아하 이런 도적놈들 보았나
산 허물어 물길 이리저리 비틀더니
천지사방이 물난리라 난바다라
동서남북 지천으로 깔린 게 벼포기라
어허 조합 돈 체불 고지서가 황톳물에 둥둥
시든 풀빛 시퍼런 빛을 토하면서 둥둥
퇴비가리도 쓸어 가면서 당산나무도 쓸어가면서
이것 저것 꼴보기 싫은 것 홍수로 싹쓸이했으니
골프장 짓기가 수월해졌다 희희낙락하는 중에
기어이 한천덕이가 미쳤다고 수근대는데
아니요 아니란 말이요 우리 천덕씨 안 미쳤소
골프장이 들어선다는 저 산이 실성한거요
풀무골 산신령님이 크게 노하신거요
우리 마을 떠나신다는 거요
날 궂을 만하면 한천덕이 처 맨발에
봉두난발에 혼자 삐죽거리며 눈물 흘리곤 했는데
누가 꽂아놨는지 논둑에 삽자루 하나

밤새 저 혼자서 비를 맞고 있구나
암암 그렇구말구 삽 한 자루면
한천덕이 독농가로 살아가지
육이오 때 태어나서 삼신할미도 폭탄 멀미
잠시 정신이 오락가락 왔다 갔다 하는지 모르겠으나
아이고 아이고 불쌍한 우리 천덕이 삽이야
아이고 아이고 삼대독자 청주 한씨 천덕이 대 끊기겠네

세째마당 · 낫타령

밤으로는 이슬 먹고 낮으로는 땡볕 받아
가을 풀무골 들녘마다 햇내 가득할 제
쓰억 쓰억 번쩍 번쩍 논두렁마다 낫날이 번쩍이라
솔미 끝자락에선 박씨네 왜낫이 번쩍
뚝너머 논둑에선 이씨네 양낫이 번쩍
배랭이 무논에선 김서방네 조선낫이 번쩍
네 논이 크니 내 논이 크니 하면서 번쩍일 제
무논 바닥에 낟가리가 세워지는구나

훠이 훠이 참새 쫓는 소리가 골짝마다 아슴 아슴
황가네 셋째 황태산이 마빡 땀도 안 닦고
경운기 엔진오일도 안갈아줬다고 투덜투덜
틀렸구나 집집마다 유신볍씨 노풍볍씨 틀렸구나
며느리 뭣 보고 사위 뭣 보니 손자보기 글렀다더니
볏단 보니 글렀구나 올농사도 글렀구나
재수 없는 놈은 뒤로 자빠져도 코가 깨져
여태 왜낫 양낫 조선낫 세 자루로 가을 농사 너끈했는데
귀신이 씌웠나 안하던 짓 했으니
경운기가 다리 밑으로 굴러서 기아가 나갔네
엊저녁 술 덜 깬 호적계 면서기 박종필이
빌려주거니 못 빌려주거니 조르는 데 한나절
모빌유며 석유며 읍내 가서 사오는 데 한나절
하루 빌려 쓰는 데 오천 원이 날아갔네
고장 난 경운기 빌려주고 오천 원 벌었구나
이참에 낡은 기어 갈았으니 일만 원을 벌었구나
재수있는 놈은 똥 누다가도 산삼 얻는다더니
이녁 말 들었음 일만 원이 굳었는데

하루 황소 품앗이 안달복달하다가
서너 달치 가용푼만 호적계한테 풀쐈구나
노모 야매틀니 값만 날렸구나
마차 있겠다 지게 있겠다 두 팔 있겠다
시퍼런 조선낫 있겠다 허리 힘 남아돌 때
가을논께 허리 굽혀 천배 만배 바치지 않고
가을걷이 편하게 하려다 낭패 보았구나
세상만사 새옹지마라 난리 때 이 낫으로
청솔가지 치듯 들녘마다 사람 목이 거들했으니
비나이다 천지신명께 두 손 모아 비나이다
이 낫으로는 태평성대 곡식 잘 여물어
황금 들판 벼나 베게 해 주소서
군불감 아카시아 오리나무나 솎아치게 해 주소서
비나이다 비나이다 천지신명께 비나이다
전생에 죄 많은 이 황태산이 두 손 모아 비나이다
흉년들어도 좋으니 그저 이 낫으론
다른 것 베지 말고 벼나 베게 해 주소서
산에 올라 나무나 치게 해주소서

들에 나가 풀이나 베게 해주소서
조선낫도 많이도 닳았구려 고생 많았구려
움푹 패진 숫돌이 늙은 우리 얼굴 닮았구려
어리석은 한평생 모진 풍상 다 겪었어도
낫자루는 꼭 쥐어야 할 터인데 이젠 글렀구나
올가을 추곡수매가 얼만지는 모르지만
우리가 언제부터 쌀값 믿고 살았더냐
조선낫 한 자루면 만사 그만이지
왜낫은 낫날이 작아서 못 쓰고
양낫은 이가 잘 빠져서 못 쓰고
옳구나 옳구나 우리 장손 큰 손자
펜대나 잡고 살아가길 빌지만 시절 잘못 만나
낫자루 쥘 일 있거들랑 한 닷새쯤
그늘에서 말린 물푸레자루 조선낫이나 잡으니라
오산 장날엔 풀뭇간 들러 낫날이나 베려야겠구나
넘어가네 하루해가 넘어가네 쓰억 쓰억
물푸레 조선낫에 벼포기가 잘도 넘어가네
천상 한천덕이 불러서 황소 고삐잡고

꼬라박은 경운기 끌어낼 일 걱정이지만
왼손잡이 황태산이 손아귀에 잡힌
볏단이 쓰억 쓰억 넘어가는데
뜸부기 한 마리 뜸북뜸북 날아가는데
서산에 붉은 노을은 저혼자서 잘도 타오르는거라

네째마당 · 소작농굿

빛도 고와라 열닷새 만월 속에
큰댓봉 파르라니 죽순 움트는 소리 속에
뺏성 오른 보리밭 깜부기도 덩달아 춤추어라
논밭 까뭉개진 자리 새마을 공장들
부도내고 빚잔치한 제지 공장자리
주물공장 쇳소리 망치소리 요란하네
허기 너머 긴 방죽 너머 폐수 남 몰래 흘러들어라
모래무지도 버들치도 어서 잠들어라
검은 굴뚝 검은 연기 검붉은 꽃
공해 속에 누워 있는 풀무골 풀무골

토지소유 상한선 십 정보로 늘인다는 소문 속에
부재지주들 땅 많이 갖은 자들 희망 속에
면사무소 옆에 새로 생긴 복덕방이 몇 개
자가용에서 내리는 낯선 사람들
처음보는 사람들 입성으로 보나 눈매로 보나
근방 사람은 아닌 것 같은데 땅 사러온 사람들이라
우리네야 일 정보 삼천평만 있어도
풀무골 신령님께 큰절하며 근검하게 살겠구나
영세농 죽이는 법 소작농 죽이는 법
돈많은 부재지주 기생지주 살리는 법
우리 농민 목조르는 법 누가 만드는가
법 없이도 사는 풀무골 농투사니들
콩으로 메주를 쒀도 믿지 않는다면서도
허구헌날 속고사는 논밭길 따라
농투사니가 되지 말라는 애비 말 따라
하나 둘 떠나던 이웃사람들
가진 것이 근심 설움밖에 없는 사람들
늘 바치기만 했던 땅 늘 뺏기기만 했던 땅

골건이 하던 타는 유월 보리밭
서너 고랑 거두다가 작파한 감자밭
그냥 두고 떠나간 한 많은 사람들
대처 산동네 하꼬방을 찾을 때
중랑천에서 흘러왔다는 미장이 장영감네
성남에서 밀려왔다는 이발쟁이 주씨
고향 임실 떠나 안양에서 몇 년 버티다가
이곳 찾아들었다는 떠돌이 목수 강씨
이젠 객지를 세월하는 사람들의 고향이 된 땅 풀무골
집집마다 탄식마다 울타리 수숫대 휘청이는 밤
아홉시 뉴스에선 박정희 대통령이
막걸리 한잔하고 호기롭게 하는 말이
농촌이 사는 길은 농민이 사는 길은
기업농 육성 영농의 기계화라고 말하지만
그것은 거짓말이요 우리네 소작농 죽이자는 말이요
우리 두 손 트랙터가 뺏어 가면
우리 두 발 콤바인이 뺏어 가면
소작농들 이제 또 어디로 쫓겨 가야 하나

활활 참나무 불타는 쇠죽 쑤는 아궁이마다
빈 헛간마다 경자유전 토지개혁 수군대고
나라 법은 우리 편 아니지 우리도 이젠 알지
스무아흐레 풀무골 그믐달 살아날 때
댓잎 서걱대는 소리 속에 댓바람 속삭임 속에
몇 해째 비어 있는 빈집에서 불빛이 새어나오고
해방되던 해던가 난리가 나던 해였던가
풀무골에도 무상몰수 무상분배 새로운 세상
따뜻한 불빛이 잠시 있었다는데
저 쓸쓸하고 가녀리고 허전한 불빛이 그것 아니었는지

끝마당 · 골프장 푸닥거리

아흔아홉 고개 구십 리 백 년 산골 새벽 공기 가르면서
소나무 참나무 우지끈부지끈 뿌리째 뽑히면서
신선 바위 마고할미 바위 울퉁불퉁 깨지면서
우는구나 우는구나 풀무골 산신께서 우는구나
자식이 없어 손 끊긴 고령 박씨 무덤 갈아 부치면서

양지뜸 송이버섯 숨어사는 곳 혼자 알던
엊그제가 옛말이라 제주 고씨 종중 산이고
큰 밭이고 작은 논이고 뭐고 가리지 않고
자갈논이고 산비알밭이고 뭐고 따지지 않고
앞뒤 가릴 것 없이 풀무골 새벽을 갈아엎네
슬픔을 갈아엎네 그리움을 갈아엎네
고라니가 뛰어가고 푸른 눈 붉은 귓바퀴 삵이 뛰어가네
황조롱이 한 쌍 둥지 안쓰러이 지키고 있네
우지끈 자작나무 희디 흰 애원이 숲을 흔드는데
새참 시간 남정네는 소주 한 잔으로 목마름 달래지만
안성댁 퉁퉁 불은 젖가슴이 아려오는데
지금쯤 순이도 깼을 텐데
저 감독 순한 사람 몇 잡았을 엄한 눈매 보게
열시 새참까지는 뒤 보러도 못 간다네
물 마시러도 못 간다네
아이고 안성댁 못 보겠네 우리 착한 순이 울겠네
매부리코 뱁새눈에 월남 갔다온 지 얼마 안됐다는
이보소 완장 찬 감독님 우리 잠깐 보세

우리네 늙은 것들 오줌보 터지는 건 괜찮지만
순이 에미 애처러워 들것질 못 하겠네
애기울음 못 듣겠네
나무 뿌리도 울어쌓네 뽑혀 나온 민들레도
쐐기꽃도 안스러워 흔들리네
순희야 불쌍한 순희야, 아빠아빠 불러 봐라
오늘에사 소식올까 순희야 머리 좀 긁어보렴
사우디에 간 순희 아버지 머리를 다쳤다는데
톱을 잡으면 대목이요
흙손 들면 도편수도 알아주는 미장이라
돌아와서 내 집 짓자더니 하늘도 무심하여라
울지 마라 울지 마라 네가 울면 너희 애비 못 오신다
이보시게 젊은 감독양반 이렇게는 일 못하겠네
젖 좀 먹이고 하세 오줌 좀 누고 와서 하세
목이 타서 죽겠으니 물좀 먹고 하세
사방에서 한마디씩 거들자 젖먹일 틈을 주더라만
돈이 원수였더라 귀 얇은 것이 원수였더라
구면장이 한밤중에 찾아와서 땅팔라 조를 적에

간호대학 선다기에 논밭 팔고 산 팔았지
골프장 만든다면 우린 안 팔았구나
목에 칼이 들어와도 논밭 지켰구나 종중산 지켰구나
어림없다 어림없어 지게 작대기는 들어와도
잡것들 골프채는 못 들어온다 못 들어와 버티다가
골프장 사장인가 회장인가 높은 양반이
오일팔 신군부 실세라는 말에 껌벅 죽어
도장 찍은 우리 농투사니 업보지 업보야
이 땅이 뉘 땅인데 아이고 풀무골 산신령님
논밭 파헤쳐서 골프장이 웬 말이오
이제라도 막아주소 골프장 못 열게 막아주소
조상님들 묏자리는 어디로 옮겨야 한단 말인가
작년엔 밤나무 잣나무 호두나무 유실수 심어라
그러께엔 낙엽송 소나무 참나무 심어라 해 놓구선
원통해라 풀무골 깊은 산중 포크레인이 웬말이냐
명절 되면 고사리며 더덕이며 산나물은 어디서 해올 거며
제상에 올릴 풋밤이며 햇감은 어디서 마련할지 근심 속에
첫삽 들은 지 석달 열흘하고도 하루가 모자라던 날

아닌 밤중에 홍두깨라더니 천둥 번개가 요란하네
포크레인에 칠성각이 헐리던 날
열자도 넘음직한 황금구렁이 피흘리고
큰 숲속으로 숨는 것 보았다는데
아하 이런 변고가 어디 또 있나
풀무골 사람들 근심걱정 속에 끙끙 앓는데
어허 풀무골에 경사났다고 풀무골이 살판났다고
군수다 면장이다 통일주체국민회의 대의원이다
박수를 치는구나 샴페인을 터뜨리는구나
골프장 개막식에 자가용이 수십대 햇빛에 번쩍이는구나
저이들이 장차 골프 치러 풀무골 드나들 사람들이로구나
서울에서 한가락 하는 사람들 거동이나 구경하세
저 양반은 피 빼고 뱃가죽 비게만도 일백 근이 넘겠구나
국사 살피느라 바쁜 중에 몸도 풀겸 좋은 공기 마실 겸
저들한텐 골프장이 안성맞춤 놀이터 사교장이구나
아흔아홉 고개 백 년 산골 포크레인으로 밀어부쳐
풀무골 양떼 구름 뭉게 구름 썩썩 밀어붙여
골프장이 문을 열긴 열었는데 오늘같이 경사로운 날

그런데 난데없이 불이야 불이야 백주대낮
불이야 불이야 산불이 시뻘겋게 골프장으로 덮치는구나
풀무골 사람들 산불 끌 생각은 않고
넋놓고 두손 놓고 불구경만 하는지라
베혀 넘긴 아름드리 소나무 참나무 피나무 닥나무들이
불똥을 튀기며 타닥탁 탕탕 총소리를 내며
산불이 점점 커져 가는데 바람까지 역풍으로 몰아치니
참으로 저 산불 형세가 기이하구나
다섯 五자에 달 月자 형국으로
불길이 잡힐 듯 말 듯 커져 가는데
대저 저 산불은 어디서 시작되었으며
어찌 성난 불길을 뉘 막을 수 있으랴
어허 오늘 밤엔 서낭당 미륵바위에서
서기로는 일천구백팔십년 오월
단기로는 사천삼백십삼년 오월하고도 열여드렛 날
굿판이나 한 마당 벌려야겠구나
불이야 불이야 풀무골에 불이야 불이야 외치면서

제5부

장편서사시 — 聖시화호

聖시화호

서시

참으로 오랜 날
많이 아파 본 생명들만이
어머니가 흘리신 눈물
헤아릴 수 있으리

자기가 가진 모든 것 다 내주어
무소유 깨끗한 충만으로 그윽한
겨울 숲만이
시화호의 말씀
깨달을 수 있으리

참으로 많은 날들
늘 지기만 하여
빼앗기기만 하여
누구에게서도 따뜻한 사랑
한 번도 받지 못하여

내내 외로웠던 쓸쓸하였던
우리 가여운 님들만이
시화호의 침묵
온전히 들을 수 있으리

이 땅에서 상처받은 생명들
돌아갈 수 없는 미래
죽은 갯벌
신음하는 모천을 찾아주신
노랑부리저어새
알락꼬리마도요새 그이들
동죽 맛살 농게 갯지렁이 그이들
망둥어 삼식이 숭어 농어 그이들
저를 낳아준 고향에서
버림받은 그이들
비천한 생명들만이
어머니 온유하신 설법
들을 수 있으리

그러나 지혜 가졌다는 사람들
어머니의 진실 결코 가질 수 없으리
너무 많은 것 혼자 갖고 사는 사람들
시화호가 들려주는
간곡한 희망의 노래
끝끝내 들을 수 없으리

서화

그때 시화호는 없었다
이 땅에
시화호 없었다
정녕
이 땅에 시화호 따위 없었다

감히 나이를 물어볼 수 없는
드넓은 황해
대지의 시간

무시로 넘나드는
검푸른 파도 너머
썰물과 밀물이 동무하는 곳에
가난한 희망 같은 섬들
푸른 아기들을 낳아주는
의좋은 섬들만 있었다

이 땅이 생길 때부터 있었던 황해
사람들이 아직 이름 불러보지 못한
온갖 생명들의 정령 속에
깨끗한 희망들이
그곳 섬에 선창가에 논에 밭에 있었다
대부도 형도 탄도 불도 선감도 오이도 제부도 선재도
영흥도 우음도 어섬 큰가리섬 작은가리섬
그런 작은 아기들
그리고 지도에도 나오지 않는 애기섬들 꽃섬들 옆에
아득한 갯벌
꿈길처럼 있었다

초저녁 별빛들이나 품고 사는
착하다 못해 너무 어수룩하여
늘 지기만 하는
바보 같은 갯벌들 있었다
늘 베풀기만 하는
천치 갯벌들만 있었다

그리고 또 너무도 하찮아서
너무나도 보잘 것 없어서
한평생
자기 이름도 지니지 못하고 사는
아무것도 아닌 것 비산비야
착한 논밭들 있었다
그들
이름이 없었기에 무명이었기에
오래도록 아름다울 수 있었을 것이다
오래도록 기다림 모실 수 있었을 것이다

이 땅에
시화호 없었다
정녕 이 땅에
시화호 따위 없었다
실로 아주 오래된 시간
아버지의 바다
어머니의 갯벌
우러러 받드는 사람들과 더불어
참된 시간들만 있었다
참된 그리움들만 있었다

그러나 세간 탐욕의 법은
미친 역사
눈먼 역사
몇 장 필요해서
아버지의 바다 저 너머
어머니의 갯벌 저 너머
그리운 님들이

산 채로 수장되어 사라진 미래
참된 시간들이 죽어 생긴 무덤
참배하던 한 시인이 마침 있어서
정녕 이 땅에 태어나서는 안 될 시화호
불임의 겨울 설화가 시작된다
불모의 서사가
차마 발설할 수 없는
죽임의 가여운 서사가

제1부 1장

1. 마산포 앞바다

시월도 다 끝나가는
늦가을 저녁 어스름
새끼를 밴 황갈색 고라니 한 마리
그리고 외톨이 별 하나 떠 있다가
갈대밭 너머 서낭당 너머

당집 해송 방풍림 속으로 사라지면
어느새 붉은 노을이
어린 자식에게 젖을 물리듯
마산포 앞바다를
살며시 끌어안는다

어머니 머리에 인 광주리에선
달그락 달그락 수저 부딪히는 소리가
소년의 발자욱소리와 함께 어울려
정다운 오누이처럼 짝을 이룬다

논둑에서
용하게도 낫날을 피해
한 해 숨어 살은
도깨비 풀들이
소년 바짓가랑이를 붙들고
긴히 할 말이라도 있는 듯
자꾸만 성가시게 한다

소년은 도깨비바늘을
입에 가만히 물어
손바닥만한 천수답
논배미들을 바라본다
우음도에서 마산포로 이사 오기 전
늦도록 교실에 홀로 남아
나머지 공부라도 하는 듯
음전히 고개를 떨구고 있는
어린아이 같은 천수답들이
오늘따라 괜히 미워진다
그렇지만 저 작은 논배미가
그 집 모자에게
얼마나 고마운 논이었던가

먼길 찾아온 해오라기들
다른 집 큰논 다 놔두고
우리집 작은 논에
해마다 둥지 만들 때

남들은 벼이삭 축낸다고
뜸부기며 해오라기를 쫓았지만
저 논이 착해서
저 논이 인정이 많아서라고
어머니 말씀하신 좋은 논

저기 검바위
둠벙 큰 논이
우리 논이라면 어머니께서 한겨울
매일 갯벌에 안 나가셔도 될텐데…
그런 부질없는 생각에
논 임자에게 들키기라도 한 것처럼 부끄러워
소년은 얼굴이 금새 붉어진다

요즈음 들어
흰머리가 부쩍 늘어난 어머니는
머리 희어지는 게 다 외가 내림이라며
이모도 외삼촌도 한 내력으로 머리가 희다며

그냥 웃어넘기시지만
요 며칠새 어머니는
바람에 사립문 흔들리는 소리에도
두 귀를 모으시며
통히 잠을 못 이루시었다
소년은 어머니 바튼 기침소리가
너무도 안쓰러웠던 것이다

2. 어머니의 근심

볏단을 묶어놓기만 하고
군데군데 지게질하기 좋게 싸놓은
낟가리들이 대견하고 미덥기도 하지만
어머니 근심을
다 털어버리지는 못했으리라

저 볏섬으로 춘궁기 보릿고개를
겨우 버틸 수 있을지 몰라도

소년이 명년 상급학교에 진학하게 되면
턱없이 모자라는 볏섬이
그저 야속했을 것이다

근래 마을 사람들은 모였다 하면
온통 농협이야기뿐이다
특히나 어촌계 사람들은
한 번 더 세상이 뒤집어져야 한다고
목소리를 높이곤 했지만
허사였다 그때뿐이었다
농협이 우리네 가난한
농어민들을 위해 있어야 하는데
그렇지가 못하니 큰일이라면서
함부로 농협돈 썼다간 큰일 난다는
그런 쓸쓸한 이야기였을 것이다.

멋모르고 농자금 썼다가
인정으로 이웃 보증 서주었다가

논밭 뺏기고 멀쩡한 고깃배 뺏기고
집마저 뺏겨 고향 떠난 사람들이
소년이 다니던 남양중학교에도
여럿 있었으니

이달 그믐까지
아버지한테서 소식이 없으면
고리채 농자금을 써야만 한다는데
다섯 마지기 천수답 담보로 넣어서
호환보다도 더 무서운
농자금을 부득불 써야만 한다는데

허지만 작은 개매기 천수답
어머니께서 피붙이처럼
애지중지 가꾸신 논인데
저 논을 농협에 잡혀야 한다니
그 집 어머니와 아들
잠 못 이루는 밤 많아졌다

3. 아버지의 꿈

지난 봄
날 풀리면 못자리하기 전까지
꼭 오신다던 아버지는
가을이 다 지나도
고향 마산포에 돌아오시지 않았다

언뜻 어른들끼리 나누는 이야기로는
강원도 고한인가
사북 어디 광산촌에서
아버지가 크게 다쳐
몸을 못 쓰시게 되었다는 것인지
아니면 땅마지기라도 마련할 목돈을 갖고
고향에 돌아오실 것이라는 것인지
어머니는 묵묵부답
당최 말씀이 없으셨다

그러나 아버지는 탄광에 안 계셨다
사북광업소 일용 채탄부였던 아버지는
작업모에 칸데라를 켠 채
정보부 영월 분실로 압송되었다
재작년에 농협대학 교수인
김범태 선생에게 보낸 편지 한 통과
김 선생이 자기 저서라며 보내준
'농협'과 '조합원'이라는
문고판 작은 책 한 권
그것으로 광부였던 아버지는
무슨 인민이니 혁명이니 해방이니 하는
무시무시한 아랫선이 되어야만 했을 것이다

누구도 고난의 역사를 설명할 수 없는
도저히 설명할 수 없는
소년도 아버지 소식을 듣는 것이 두려워
한 번도 물어본 적이 없었던 것이다

올 겨울도 무척 추울 거라는데
어머니는 엄동설한에도
갯일을 계속 해야 할 것이다
어머니는 갯벌에 나가실 때마다
소년에게 조용조용 일러주셨다

우리같이 논밭 없는 사람들에게는
저 갯벌이
우리 목숨논이고 목숨밭이라고
우리같이 배 한척 없는
가난한 사람들에게는
저 갯벌은
한울님이 주신 귀한 배라고
저 혼자만 배 채우는 배가 아니라
서로 모여서 여럿이 함께
힘을 합쳐 그물 던져
풍어제 북소리
둥둥 울리는 만선이라고

거룩한 종자씨 어미배 모선이라고

저 갯벌은
우리같이 일년 열두달 땀 흘려 일해도
노상 배고픈 사람들끼리 나누어 먹는
평등한 밥이라고
커다란 함지박 모듬밥이라고
얼마나 배고팠느냐고
어여 더 먹으라는
식기 전에 한숟갈 더 먹으라는
어머니 따뜻한 밥이라고
그리고 저 갯벌은
아주 오래된 긴 긴 기다림이라고

일찍이 동학에서
개벽이란 부패한 것을 맑고 새롭게
어려운 것을 간단하고 깨끗하게 함을
말함이라 일렀으니

저 갯벌에
개벽이 모셔져 있으니
십년 뒤에도 이십년 뒤에도
오십년 백년 아니 천년 뒤에도
착한 갯벌
저기 마산포 앞바다에 그대로 있어서
세세손손 사람들이
갯벌 한 발자국 두 발자국 밟을 때마다
우리 한울님께 심고 드리라는
어머니 간절한 당부였으리라

마산포 착한 갯벌 지키는 것이
인내천
어진 사람 지키는 것이라고
우리 한울님
중히 모시는 것이라고
어머니 침묵으로
말씀하시는 것이었으리라

4. 새벽길

오늘 1966년 삼월 초이튿날은
소년 허강許崗이 손꼽아 기다리던
수원농림고등학교 입학식 날
가슴 벅찬 첫날이기도 하지만
마산포에 어머니를 홀로 남겨두고
대처 수원으로 떠나야하는
쓸쓸한 무정한 날이기도 하다

허강이 마산포에서
사강 장터까지 걷는 새벽길
꽃샘추위 매운 봄바람이
귓불을 때린다

허강이 걸음 멈추어 뒤돌아보면
어머니는 당산나무 앞
돌무지에 망부석처럼 서 계셨다

어머니는 오늘부터 매일
당산나무 지나실 때마다
한울님께 심고 바치실 것이다
그리고 이리저리 굴러다니는
돌 한 점씩 공경하실 것이다

어서 들어가시라고
새벽바람이 차다고
손짓 해보지만
오래도록 그 자리에 장승처럼 서서
내일을 조용히 예감하시는 어머니
이 세상 누구보다도 강건하시지만
아들 앞에서는 한없이 부드러운 어머니
지금 그 어머니
아들이 무탈하게 자라준 게 대견하기도 하고
대처로 떠나보내는 것이 못내 허전하여
울음을 안으로 삼켜내고 있는 것이리라

옹기종기 의좋은 형제처럼
서로 가까이 닿아있는
마산리 포구
연이어진 십리길 달구지 길
가슴까지 닿는 갈대꽃들이 동무해주는
고샅길이 오늘따라 더 정겹지만
허강의 발걸음이 무겁다
남양까지 부지런히 걸어가야
수원행 통학버스
첫 버스를 탈 수 있는 것이다
허강이 첫 차를 탈 때쯤
어머니는 조개를 캐러
갯벌을 향해 가고 계실 것이다

5. 생명의 길, 갯벌

허강은 자신이 떠난 뒤
어머니께서 홀로 수고하실

올 농사가 걱정이 되어
바람에 흔들리는
갈대밭에 잠시 눈을 준다
그래도 먼 친척 촌수는 따질 수 없어도
양천 허씨 종씨 한 분이
마산포에 계신 것이 든든하다

문득 허강은 작년 여름
갈대밭에 둥지를 튼
노랑부리저어새 생각에 걸음을 멈춘다
어린 새끼들은 잘 자라주어서
저 멀리 남쪽으로 날아갔는지
마산포 떠났던
새들 내년 봄 다들 무사히 돌아와
새 둥지 틀기를 빌면서
썰물 끝자락
갯벌을 망연히 바라본다

하루에 백번도 아니 천 번도
더 보고 쓰다듬었던 갯벌인데
오늘 따라 왜 그런지
새벽길 갯벌이 낯설다
그 아이 혜련
시를 잘 지어
장차 여류시인이 될 거라는
국어 선생님 칭찬에
두 볼 발그레해지던 아이
저 갯벌에
홀로 서 있는 것만 같은
먼데서 나를 바라보고 있을 것만 같은
그러나 혜련은
고등학교 입학원서를 쓰지 않았다는데
세상은 왜 그렇게 공평하지 않은 것인지
혜련이는 재작년인가
우정면 매향리에서 이사 온 소녀
혜련이는 푸른 하늘을 나는 비행기 소리가 싫다고 했다

착한 아버지 앗아간 고향이 싫다고 했다
매향리 쿠니 미군사격장
영어 잘하는 미군이 무섭다고도 했다

멀리 마산포에
청솔가지 타는 연기가 뽀얗게
솜털구름처럼 한눈에 잡힌다
청설모 두 마리
인기척에도 놀라지 않고
바로 옆 갈참나무 앞에서
오랜 동무인양
나를 빤히 쳐다보고 있다
헛기침 소리에도 달아나지 않는걸 보면
진작부터 나를 아는 청설모들인가 보다
자연은 저렇게 따스하고 정겨운데
세상은 그렇게도 불공평한 것인지

저 갯벌들

썰물 때면 멀리 대부도에서 오이도까지
그리고 가까이는
제부도에서 마산포에 이르는
탄도 형도 어도 우음도
올망졸망한 작은 섬들
혈육처럼 이어주는 고단한 길
그 길 위 갯벌 속에는
허강이 아직 이름 불러보지 못한
다정한 생명들이 살아가고 있어
검붉은 실핏줄로 이어진
촘촘한 그물코 생명의 길 갯벌을 오갈 것이다
갯벌은 그렇게 섬과 뭍을 피붙이 동기간처럼
우리를 하나로 살아가게 해주는
고마운 길인데

6. 사람이 곧 하늘이오

아버지 젊은 날

숨찬 발자욱들이
진하게 배여 있는 갯벌
그 갯벌을 허강이 잠시
떠나있어야 하는 것이다
허강이 내일이면
수원으로 떠나는 날 밤
어머니는 생전 안하시던
집안 이야기를 해주셨다

할아버지 젊은 시절에는
왜놈들이 싫어 동학에 입도
근기 지방에서 도인들이 제일 많았다는
천도교 남양교구
구락서 교구장 신심으로 도와
동학에 지극 정성이시다보니
농사가 많이 기울어졌다는 이야기
조선팔도에 동학세상 오시면
인내천 한울님세상 오시면

왜놈들 의당 물러날 것이니
도인들이 한울님 지성으로 모시고
성미 바치는 것이
나라 찾는 지름길이라며
한생 동학에 몸 바치신 할아버지 이야기

그리고 아버지는
미 점령 해방정국에서
박승극 김시중 홍영유 선생 곁에서
수원군 건국준비위원회 사업과
남양면 인민위원회 일을 했고
그리고 뜻 있는 동네 사람들
건준과 인공 쪽 일을 도왔다는
그런 숨 막히는 이야기들
그리고 원래 우리 고향은
우음도가 아니라 남양이고
대농은 아니었지만
한 칠팔십석 하는 중농이었는데

세상이 토지개혁으로 소용돌이 칠 때
친일 지주들이 땅 뺏길까보아
몰래 논밭팔고 땅문서 감출 때
아버지가 우리집 전답 대부분을
땅 없는 농민에게 선뜻 무상 분배했다는
그런 이야기를 남의 집 이야기하듯
담담히 들려주시는 어머니…

특히나 아버지 한창 때 이야기는
허강에겐
꿈에도 생각해 본적이 없는
그런 숨 막히는 이야기였을 것이다.
이제 와서 그런 이야기를 들려주시는
어머니가 그렇게도 야속해서
차라리 안들었던 이야기라고
아예 못 들은 이야기라고
허강은 굳게 믿고 싶었을 것이다

할아버지께서 붓 잡는 법 먹 가는 법
엄하게 가르쳐주신 덕으로
반공을 국시의 제일의로 삼아
도탄에 빠진 국민들을 구한다는
오일륙 군사혁명 공약을
붓글씨로 잘 썼다고
상으로 국어사전까지 받았었는데
그런데 내 몸에
무서운 공산주의 피가 흐르고 있다니
어머니가 무서웠다
아버지 고향 남양도 무서웠다

필시 어머니는
어린 허강이
수원에서 홀로 감내해야 할
험난한 시간들이 정녕 안타까워서
아버지 아픈 지난날을
오늘에야 들려준 것이리라

어머니께서는 오늘 같은 날이 오기를
가슴 졸이며 기다리셨던 것일까

문득 허강은 지난날
우음도에서 마산포로 이사 오던 날 밤이
주마등처럼 떠오른다
그날 밤
정든 집
마지막 군불을 지피는 것이라며
부엌에서 소리없이 흐느끼시던 어머니

그날도 아버지는
우음도에 계시지 않았다
허강이
아버지의 아픈 부재를 알기까지는
더 고단한 세월의 강을
거슬러 올라가야만 했으리라

〈제1부 1장 끝〉

■ 시인의 산문

큰붓이 그리운 시대입니다

– 김준태 시인에게 보내는 편지

진달래가 뒷산에 한창입니다.

봄비 며칠 연둣빛 나뭇잎새 속살을 헤집을 때

여강 물소리 속에 웃자란 어린 나무들이 안쓰럽습니다.

그리고 저희들끼리 긴히 나누어야할 정담이라도 있는지 저물녘 속살대는 소리가 누이 목소리처럼 포근합니다.

나는 그들이 나누는 대화를 알아들을 수 없어 잠시 외로웠지만 흐르는 강물을 거슬러 속속 귀소하는 어미누치를 오래도록 지켜볼 수 있는 홍복을 누렸습니다.

그들만의 초록빛 수화가 부럽고 아름다운 저녁입니다.

그런데 논둑 끝자리 고사목 성근 가지 사이로 드러난 텃새 직박구리 둥지가 참 가여워 보였습니다. 이제 직박구리들은 저 둥지로 돌아오지 않겠지요.

이 나라에서는 새들도 고향 상실을 경험하면서 살아가나 봅니다.

허지만 무엇을 잃는다는 것은, 아프지만 다시 사랑을 배울 수 있는 시간을 비축하는 일이기도 하지요.

직박구리들은 허공에 낸 생애의 고단한 발자욱들을 지우면서 좋은 아비가 되고 착한 어미새가 될 것입니다. 그들은 몇 번의 좌절 끝에 새로운 정처를 구할 것입니다.

사람에게 집이 세속의 평안과 행복을 도모하는 근거지였다면 새들에게 둥지는 수없이 떠돌면서, 정든 시간들과 헤어지면서 비로소 완결되는 최소한의 공간인가 봅니다.

너무 큰 우리 집이 부끄럽습니다.

내 희망이 큰 것도 작은 희망을 섬기며 사는 직박구리들에게 부끄러운 일인 셈이지요.

준태 형님.

형의 첫 시집 『참깨를 털면서』를 근기 화성의 문청시절 어느 서점에서 발견하던 날의 가슴 설레이던 그날을 기억합니다.

그리고 추수가 끝난 황량한 들판에 홀로 누워 시집을 읽고 또 읽던 그 저녁도 잊지 못합니다.

어머니께서 한 땀 두 땀 바느질 빛었을 검정 두루마기에 옥색 동정 옷고름이 단아한 형의 얼굴은 대지에 씨뿌리는 선한 농부의 모습이었습니다.

아마도 내가 형의 시를 소리내어 읽던 그 시간에도 자유의 푸른 하늘을 비상하는 새들이 있었을 것입니다.

그러고 보면 자유라는 불온한 화두를 평생 품고사는 시인 운명과 직박구리 작은 새의 숙명이 같은가 봅니다.

형, 북상하는 남도의 꽃소식과 함께 받은 『통일을 여는 시 — 백두산아 훨훨 날아라』라는 두툼한 노작을 잘 읽었습니다.

반세기 분단조국 통한의 역사를 관통하는 시인들의 시편 속에서 형이 찾아낸 깊은 사유들이 아팠지만 시를 한층 더 아름답고 고결하게 읽힙니다.

그리고 야만의 세기를 온몸으로 견뎌낸 민중의 삶을 준태 형 특유의 따뜻한 은유로, 때로는 질풍노도 직유법으로 수구냉전 이데올로기 벽을 거두어내는 진경들이 고마웠습니다.

그러나 이번 저서의 미덕은 머잖은 미래 더 큰 하나가 되는 가슴 뛰는 그날을 예감하는 풍성한 시적 영성들이 우리들이 그간 잊고 산 열망들을 되찾게 해준 공덕일 것입니다.

형, 대저 사람은 저를 낳아준 산천을 닮는다 합니다.

이 땅 이 산하가 슬프도록 아름다웠기에 우리의 삶이 이토록 아픈 것인가요.

아름답기에 아픈 것이라면, 그 아픔과 한 몸이 되어 그 아픔을 치유하기까지의 깨달음의 시간이 시가 되는 것이 아닐까요.

그리하여 아름다움을 앓는 온갖 삼라만상 상처받은 사랑이, 버림받은 시간들이 시의 몸을 얻는 것인지도 모르겠습니다.

그런 우문들과 마주하던 1980년 5월 광주민중항쟁 시절의 암흑들이 선연히 떠오릅니다.

돌아보면 캄캄한 칠흑 어둠 속에서 세상의 꽃들은 태어납니다.

그 애이불비의 암흑에 견인되어 1980년 봄, 나도 죄 많은 시인이 되었을 것입니다.

준태 형님,

그런데 오늘처럼 이 땅에 시인이 많고, 하루에도 수십수백 권씩 쏟아지는 시집과 각양각색의 시전문지들이 속속 창간되는 것을 보면 이 나라는 가히 시인의 천국인 것 같습니다.

"인생은 살기 어렵다는데/시가 이렇게 쉽게 쓰여지는 것은/부끄러운 일이다."

그렇게 자책한 윤동주 시인의 참회 앞에서 우리 모두 자유롭지 못합니다.

형, 궁핍한 시대 저 너머, 양극화의 상대적 빈곤에 쫓겨 다니는 사람들이 이렇게 살 수 없다며 외길로 치닫는 천애 낭떠러지 시간들이 보입니다.

어떻게 할 수 없는 저 극단의 시간들이 참으로 두렵습니다.

그런데 그 많은 민중시인들은 어디에서 어떤 시를 쓰고 있는 것입니까.

시쳇말로 민중이 모두 부자라도 되었다는 말입니까.

세계화 신자유주의라는 미명으로 포장된 미국의 패권적 논리에 포위되어 마침내 FTA가 타결되고 죽음의 가파른 벼랑으로 내몰린 사람들 비애 속에 우리 시가 있어야 하는 것 아닙니까.

온갖 차별과 억압과 질곡의 시간 속으로 오늘 우리 시가 오체투지로 걸어가야 하는 것 아닙니까.

그러나 역사와 대좌하거나 현실을 노래하는 것을 마치 예술을 포기하는 것으로 규정하는 미학적 잣대들이 참 딱합니다.

詩들이 불쌍합니다.

준태 형님!

시대정신을 잃어버려 언어의 연금술적 기교와 현란한 수사에 탐닉하여 그간 세상을 많이 속였다는, 대죄를 지었다는 자기고백을 하는 시인 몇 명쯤 있었으면 참으로 행복하겠습니다.

'詩여, 침을 뱉어라' 는 김수영 시인의 일갈은 이제 '시에게 침을 뱉어라' 는 참담한 부메랑이 되어 시인들에게 지금 돌아오고 있는지도 모릅니다.

형이 이번에 펴낸 책에서 호명된 백두산 한라산 금강산 지리산 무등산 묘향산과 대동강 한강 낙동강 압록강 두만강 등의 그 이름들이 한반도 지도에 표기된 사사로운 지명만은 아니라고 생각합니다.

그 이름들은 이 땅 우리들의 피요 살이요 영혼입니다.

이 땅에서 영원히 사라지지 않는 정신의 크나큰 대간이며 강물입니다.

『백두산아 훨훨 날아라』라는 책 속에서 형이 찾아나선 시의 도반들, 박봉우 조기천 김수영 백석 이찬 이용악 신동엽 고은 김규동 시인 등 24명의 주옥 같은 시편들이 내 가슴을 뛰게 합니다.

특히 팔순을 넘겨서도 올올히 시의 그물을 짜고 있는 김규동 선생의 절창 「죽여주옵소서」에 이르러서는 두 무릎을 꿇어 대죄를 빌어도 우리의 죄는 사면이 아니될 것입니다.

놀다보니 다 가버렸어
산천도 사람도 다 가버렸어

제 가족 먹여 살린답시고
바쁜 채 돌아다니다 보니
빈 하늘 쳐다보며 쫓겨다니다보니
꽃 지고 해지고 남은 건 그림자뿐
가버렸어
그 많은 시간 다 가버렸어
50년 세월 어디론가 다 가버렸어
이래서 한잔 저래서 한잔
먹을 것 입을 것
그런 것에나 신경 쓰고 살다보니
아, 다 가버렸어
통일은 언제 되느냐
조국통일은 과연 언제쯤 오느냐

북녘
내 어머니시여
놀다 놀다
세월 다 보낸 이 아들을
백두산 물푸레나무 매질로
반쯤 죽여주소서 죽여주옵소서

노구의 김규동 시인이 아주 낮은 목소리로 북의 어머니

에게 고백하듯 들려주는 「죽여주옵소서」라는 시에 무슨 설명이 더 소용되겠습니까.

준태 형님……

언제인가 고문 후유증으로 병석에 누운 백기완 선생을 뵈었더니, "홍시인 이 땅에서 시인이 되어 시를 쓰려거든 모름지기 큰붓이 되어야 한다"는 당부의 말씀이 지금도 선연히 들려옵니다.

내 시업은 실패했습니다.

돌아보니 내 허명을 의지해준 시편들이 불쌍합니다. 일찍이 위대한 선학 다산 선생께서는 조선의 시를 쓰라고 간곡히 당부했는데, 나는 시대를 기망하는 음풍농월의 시 몇 편 쓴 셈입니다.

그러나 누가 뭐래도 형은 이 땅의 큰붓입니다.

큰붓 김준태 형님!

날이 많이 가물었습니다, 아무리 날이 가물어도, 또한 아무리 힘들어도 5월이면 농민들은 논에 나가 또 모를 내겠지요.

그리고 광주 망월동 들녘에도 진달래는 붉게 필 것이고 봄도 그렇게 또 가겠지요.

준태 형님, 이곳 여주 도리 마을에 정주한 지 네해째 되어갑니다.

이곳 마을사람들은 여주를 관류하는 강물을 남한강이라 부르지 않고 여강이라 부릅니다.

여강에 산란철을 맞아 울긋불긋 혼인색을 한 누치 물고기들의 군무가 장관입니다.

지금 여강 모래톱에 나가면 푸른 하늘을 비상하는 법을 처음 배우는 어린 노고지리들이 몇 있어 어미속을 태우는 풍경도 볼 수 있을 것입니다.

요즘 들어 분분한 한반도 대운하 건설 논의 때문인지 강물이 말수가 무척 줄었습니다. 그런데 강물이 내게 무슨 말씀을 하시는 것 같은데 나는 그의 말을 알아듣지 못합니다.

나는 여강의 지음知音이 되지 못하나봅니다.

준태 형님, 여강 한번 보러 오십시오.

여주쌀로 빚은 막걸리 한잔 내겠습니다.

준태 형님, 건승건필 하십시오.

홍일선 모심

'시의 첫 마음'으로 찾아가는 창조적 회귀의 길

백무산(시인)

오래 전에 읽은 책에서 그 깊이를 다 헤아리지 못해 책갈피로 표하고 붉은 밑줄까지 그어두었던 한 구절이 있었는데, 그걸 다시 찾지 못해 안달하던 때가 있었다. 어렴풋한 그것을 다시 찾기만 하면 눈앞의 안개가 걷힐 것 같았지만 다시 찾지 못했다. 그런데, 일선 형님의 옛 시들을 무심코 다시 읽다가 머리를 얻어맞은 듯 깜짝 놀랐다. 잃어버렸던 구절이 바로 그곳이 있었다. 놀란 눈에 문득 저 너머의 길이 보였다.

고정된 것은 아닐지라도 삶과 생명엔 어떤 원형 같은 것이 존재한다. 시인은 그런 원형에 깊이 천착한다. 하지만 시인이 찾는 원형이란 출발 지점으로 다시 귀환하는 공전의 겹침을 말하는 것이 아니다. 단순한 회귀본능을 말하는 것도, 표류하는 것들을 구제하기 위한 윤리적 규범을 말하는 것도 아니다. 시인의 회귀는 단순 반복이 아니다. 중층적 잠재력의 발견이다. 껴안고 넘어서기다. 땅이 부동산이 되어버린 시대에 시인의 회귀는 땅은 그냥 흙이 아니라 생명과 역사와 인간의 모태이며, 생산을 멈추지 않는 무한히 잠재적인 생명 그 자체다.

시인이 가고자 하는 '저 낮은' 곳을 따라가 보면 모든 것이 확연해진다. 시인이 가고자 하는 낮은 곳은 그저 낮은 곳이 아니다. 더 낮은 곳이 없는 낮은 곳의 끝이다. 그곳은 쉴 곳이 아니라 오히려 머물 곳 없는 위태로운 가장자리다. 그곳은 귀환도 표류도 멈추고 잠재적 지평이 아슬아슬하게 열리는 곳이다. 그것은 화려하거나 거대하지 않다. 아니 거대하거나 화려해서는 안 된다. 그러한 것들은 이미 낡은 것과 파괴적인 것을 생산하는 방식이다.

'시의 첫 마음'으로의 회귀는 가난하고 작지만 가장자리에 서는 일이다. 그곳에는 위계와 척도와 부와 지배의 힘을 파괴하는 빈자貧者의 혁명의 역사가 있다. 그래서 그

가장자리에는 눈물 그렁그렁한 사람들이 있고, 작은 바람에도 흔들리는 시인이 있고, 눈물 많은 어머니가 있고, 읽어도 읽어도 다 읽을 수 없는 흙의 경전이 있다.

붉은 밑줄을 그어 표해두었으나 오랫동안 잃어버렸던 그 구절로 나도 이제 돌아가련다.

"'가난 아닌 것 다 거짓이' 다!"

■ 40년 우정에 대한 촌철 회고

그의 시를 읽고 나면 눈물이 난다

용환신(시인)

석농石農 홍일선洪一善 시인과 함께 한 지난 40여 년은 내게 행운이었다.

암울하기만 했던 지난 1970년대 어느 저녁 불쑥 나타나 재회한 그날부터 그는 늘 그 자리에서 땅에 대한 사랑과 엄혹한 시대상황에 대한 열정으로 끊임없이 세상과 부딪치며, 가다가다 흔들리는 나에게는 말없이 어깨를 내주기도 했고, 춥고 쓸쓸해서 붙잡는 전화기 속 긴 넋두리를 밤늦도록 깊이 들어주던 그에게 나는 아직도 감동을 느낀다.

지금은 고향인 화성을 떠나 여강변 여주땅에 있어도, 그곳에 가면 그가 있고, 그를 만나면 근기 화성의 애환을 본다.황홀하지도 아름답지도 않지만, 그와 그의 시를 만나면 마치 고요한 달빛 아래 가을걷이 끝난 들판을 서성이는 바람 같은 긴 울림이 있고, 여름날 장대비같이 우렁차게 시원한 혁명의 함성이 있다. 그래서 그의 시를 읽고 나면 눈물이 난다.

아, 석농 당신과 함께 했던 40년 우정의 지난날이여……

石農者* 논에 詩 한 포기 모시다

이승철(시인), 방남수(시인) 공동창작

하마 오늘이 정해년 음력 사월 초사흘이던가
경기 여주 점동면 도리 40-2 詩話叢林 뜨락에서
먼먼, 청춘의 오랜 꿈 이루신 石農子를 본다.
그 할아버지는 一字無學 農夫였건만
오로지 땅심만을 믿고 사신 억척 朝鮮 農夫
華城 近洞이 죄다 그 양반 보면 지나가다가
절로 고개 숙이던 알뜰살뜰한 어른이셨다
그 아버지 역시 부친의 뜻 높이 받들었지만
사시장철 지엄한 논과 밭 너머 그 지평선 너머
아스라한 대륙 같은 땅 숭앙하던 사람이었다.
3대의 農夫 꿈을 이루고자 石農子의 두 형님도

수원농고 거쳐 서울농대를 다닌 善知識이었고
石農子 역시 수원농고에서 형님들 발자욱 따라
어머니 대지의 꿈 키워 시인의 꿈 예감했을 것이다.
아서라, 야단법석 같던 한때의 단란함은 소리소문없이
저물어갔지만 광주 무등산 입석대 인근 兵長으로
수자리 섰던 그 언덕길에서 어서 고향땅 텃밭을
질머질 날만 손꼽아 세던 모진 청춘의 歸去來辭
가슴앓이로 품었건만 차마 뉘라서 알랴
뜬바람 한 자락처럼 아무 거칠 것 없이
오늘 혹은 내일마저도
지상의 흙만 믿고 참農夫 하나 되고 팠던
그 꿈의 파편들은 저물녘 어디로 태백산 골짝
혹은 상동 한촌寒村으로 주문진 부둣가로 떠나갔던가.

돌아보면 무얼 하랴, 모진 비바람 속에 家率과
食率들이 뿔뿔이 허물어지던 장난 같은 운명들
허나 수원 화성 무너진 성터 뒷자락 모퉁이서
고라실논처럼 넉넉한 그 미소가 숨어 있었을 뿐.
그러기에 뉘라서 저 순박한 농투산이들 앞에
몹쓸 分斷 이후 허물어지던 亂場을 들먹이랴.
저 육니오 韓國戰爭 한복판에 태어난 石農子는
人民軍들도 너나없이 안아보고 싶던 玉童子였다.

허나 좋았던 한 시절이 물러가고 얼마나 기나긴
청춘의 헛헛함 속에 外地로 혹은 理判事判 속으로
때론 검은 땅 검은 하늘 아래 赤手空拳의 그늘에서
객지밥 타향살이 저 혼자 떠돌며
진정 고독과 벗했을 石農子였다.

그러다가 일천구백팔공년 여름이었다.
南陽 洪門 露雀 洪思容과
한 뿌리 家系였던 石農子는
경기 화성군 동탄면 돌모루 들녘에서 쓴 詩로
'創作과批評' 통권 제56호 갈피에 〈쑥꽃〉 외 몇 편으로
당당히 한 文章을 내밀고 말았다.
하여 이즈음 평론가 채광석 형과 그 기랫바시들이
낮밤 가리지 않고 영등포시장 坐板께로
三三五五 혹은 물밀듯이 찾아들 오면
온종일 詩라든가 革命이라든가 혹은 그 살벌했던
5共 6共을 조근조근 쪼아대며
다이죠 大中이가 대통령이 되는 걸 꼭 한번 염원타가
젊디나젊은 아내와 못 다 이룬 '詩와 經濟'를 속삭이다가
혜림이와 승옥이 혹은 그 노모님의 인자하신
한 자락 미소가 떠오르면 난, 난, 돌아가리라며
못 다 한 歸農의 꿈에 아련히 미소 짓던 石農子였다.

몇 사발 막걸리로도 다스리지 못할 도깨비 세상
그 아우성 아래 허청허청 모두가 휩쓸려
오늘도 우리가 정처 없이 걷는다지만
그는, 石農子는 이냥저냥 허투루 떠돌지만 않았을 거다.
뜻이 있었기에 길이 트였고 혹은 푸른 능선 너머
옛사랑을 찾아 밤새도록 몸부림치다가
누치 몇 마리 혹은 가물치 한 마리로
여강 갈대밭 물결에 환생해도 좋을,
오월 열아흐렛날 오늘에 아아 그러니까
그 얼마나 오지도록 늘어터진 石農子의 오랜 꿈들이
여기 파릇파릇한 모 한 포기 생명의 모종판에
싱싱한 육신으로 되살아나 못줄처럼 사뭇 흔들리다가
때론 꼿꼿하고도 정갈한 말씀 한 자락으로
여주 점동면 도리 논바닥 깊숙이 내리꽂혀질 때마다
한 목숨이 이내 열 목숨으로 돌아올 거라는
믿음 하나로 生命과 平和와 一統!
저 거룩한 시 한 모로
온종일 꽂혀지고 싶던 사람 아아 그 사람,
다름아닌 우리들의 石農子 형님이었다.

* 석농石農 혹은 석농자石農子는 평생 석우리 농부의 아들을 소원하는 홍일선 시인의 자호이다.